Un drama nuevo

Letras Hispánicas

Manuel Tamayo y Baus

Un drama nuevo

Edición de Alberto Sánchez

QUINTA EDICIÓN

CATEDRA

LETRAS HISPANICAS

1.ª edición, 1983
5.ª edición, 2008

Cubierta: Retrato de Shakespeare. Anónimo.
(National Portrait Gallery. Londres.)

© Ediciones Cátedra (Grupo Anaya, S. A.), 1983, 2008
Juan Ignacio Luca de Tena, 15. 28027 Madrid
Depósito legal: M. 36.761-2008
ISBN: 978-84-376-0204-2
Printed in Spain
Impreso en Lavel, S. A.
Pol. Ind. Los Llanos, C/ Gran Canaria, 12
Humanes de Madrid (Madrid)

Índice

Introducción

La vida

Una familia de actores

Vamos a resumir una vida sencilla, sin relieves anecdóticos: laboriosa, modesta, ejemplar. Comienza en los últimos años de la reacción fernandina y llega hasta el lamentable epílogo nacional de 1898.

Manuel Tamayo y Baus nació en Madrid, el día 15 de septiembre de 1829, en la calle del Lobo, angosta, bulliciosa y céntrica; vía urbana que hoy lleva el nombre del dramaturgo más aplaudido a fines del siglo pasado: Echegaray.

Fue bautizado al siguiente día 16 en la iglesia de San Sebastián, parroquia de comediógrafos y actores del Siglo de Oro: bajo sus naves reconstruidas descansan los restos de Lope de Vega y Ruiz de Alarcón.

El teatro y las glorias escénicas le rodean desde la cuna. Fueron sus padres José Tamayo, primer actor y director de escena, y la actriz Joaquina Baus y Ponce de León. Era su madre descendiente de actores y tan celebrada por su hermosura y talento como por sus excelentes cualidades morales. En 1825 ya actuaba como primera dama en el escenario del Príncipe, decano de los teatros madrileños (hoy Teatro Español).

El matrimonio Tamayo y Baus tuvo tres hijos más; una mujer, Josefa, y dos varones: Andrés, que también fue autor dramático, y Victorino, que se había de distinguir como actor y destacado intérprete de las obras de su hermano Manuel. Una familia de actores y dramaturgos muy unidos entre sí.

Infancia precoz

El teatro fue hogar, escuela y jardín para nuestro autor. Su niñez transcurrió entre bastidores y bambalinas, oyendo declamar los versos románticos.

Viajó por Andalucía, pues la compañía de que formaban parte sus padres hubo de recorrer los escenarios de Granada, Sevilla, Cádiz y Málaga. Ciertamente fue un niño precoz, pues a los ocho años estudiaba el teatro clásico y extranjero, y se entrenaba en traducciones y arreglos del francés.

Le había ganado el ambiente familiar. Respiraba teatro a pleno pulmón, y su vida tenía que desembocar en la creación dramática.

Primer éxito en Granada

En la ciudad de la Alhambra residió algún tiempo, y allí tuvo ocasión de iniciar una amistad, valiosa y duradera, con los escritores y eruditos don Aureliano Fernández-Guerra y don Manuel Cañete. Por aquél, conocemos la primera aparición de Tamayo y Baus ante las candilejas, con motivo de su versión de *Genoveva de Brabante*, de Burgeois. Fue estrenada en 1841, cuando el adaptador no había cumplido aún los doce años:

> ... pedía el público granadino que salieran a las tablas para recibir legítimos aplausos el autor del arreglo y la incomparable actriz que había sabido realzarlo a maravilla. Ternísimo espectáculo fue, al alzarse el telón, contemplar a Joaquina Baus, raro prodigio de talento y hermosura, estrechando contra su regazo, toda conmovida, a su peque-

ñuelo hijo, al novel ingenio, que por lo aniñado del rostro parecía no haber salido aún de las angelicales horas de la infancia.

Exaltación romántica

Antes de los veinte años estrenó su primera obra original, *El cinco de agosto,* en el teatro madrileño de la Cruz (1849). La interpretaron con lucimiento sus padres, pero la contextura del drama resultaba de pueril endeblez. «Fue la primera y última equivocación», como dijo Isidoro Fernández Flórez. Entrega juvenil a un romanticismo desaforado, ya anacrónico: un siglo XI convencional, escenarios nocturnos en el patio del castillo o entre sepulcros; sin que faltaran puñal, veneno y demás ingredientes tétricos; enfática y sonora la versificación. Algo había allí de lo sublime y lo grotesco, según la teoría de Víctor Hugo en el Prefacio del *Cromwell* (1827), aunque desordenado y en agraz. Alejandro Dumas (padre) también contaba entre sus modelos.

Era el año en que los «progresistas», alentados por la revolución europea, se rebelaban contra el gobierno dictatorial de Narváez, jefe de los «moderados».

Matrimonio

En Granada se enamoró de la que había de ser su esposa, María Emilia Máiquez, a quien siempre había de llamar Amalia. Pertenecía también al mundo escénico, pues era sobrina del famosísimo actor Isidoro Máiquez; y su padre, José Máiquez, se desenvolvía en Granada como empresario teatral.

Se casaron en la parroquia madrileña de San Luis, el 14 de septiembre de 1849, cuando estaba el novio a punto de cumplir los veinte años, uno menos que ella.

Fue un matrimonio feliz, a pesar de que no tuvieron hijos. Vivieron una constante luna de miel, prolongada cerca de medio siglo. Amalia fue el modelo ideal de virtud para las creaciones femeninas del teatro de Manuel Tamayo y Baus. A ella le dedicó el drama *La locura de amor* (1855):

> Una mujer amante de su marido quise pintar en esta obra: los defectos y vicios de Doña Juana inventólos mi fantasía; copia, aunque imperfecta, son de las tuyas sus buenas cualidades...

Y al reimprimir esta obra en 1878 amplió la dedicatoria, subiendo notablemente el diapasón emotivo, acendrado por la edad:

> Más ha de veintitrés años que te dediqué esta obra, escasa de mérito como todas las mías, pero no escasa de ventura...
>
> Encomié, al dedicártela, tus virtudes: de entonces acá no has vivido sino para seguir dando testimonio de bondad sin límites, de sobrenatural fortaleza, de santa abnegación. Te dije entonces que nunca te faltarían mi amor y mi respeto: no te engañé.
>
> Amalia, esposa mía, angelical enfermera de mis padres y de los hijos de mis hermanos: quiera Dios que puedas hacer por mí lo que te vi hacer por otros; quiera Dios que yo logre la dicha de morir en tus brazos.—Manuel.

En efecto, solía decir a sus amigos más íntimos que la mayor desgracia que podía sucederle era morir después de su mujer.

Andando el tiempo, viose cumplido el anhelo del amantísimo esposo: Amalia Máiquez le sobrevivió.

Empleos y tribulaciones

El dramaturgo Antonio Gil y Zárate, que ocupaba un alto cargo administrativo, consiguió para Tamayo un puesto en las oficinas del Ministerio de la Gobernación.

El 5 de junio de 1852 muere Joaquina Baus; el afligido dramaturgo le dedica su nuevo estreno de ese mismo año, la comedia *Ángela:*

> A ti, que tanto me amaste en la tierra: a ti, que ahora velas desde el cielo por tu hijo.—MANUEL.

Al año siguiente dedica la tragedia *Virginia:* «A ti, padre mío; a ti, que lloras aún la muerte de mi madre.» (José Tamayo había de fallecer en 1873.)

Vivo el recuerdo de la madre, dedica cuatro años más tarde *La bola de nieve* (1856) a los hermanos con estas palabras:

> Pepa y Andrés queridísimos: Al colocar vuestros nombres al frente de esta obra, doy prueba, aunque pequeña, del grande amor que os tiene mi corazón, porque sois mis hermanos y porque sois buenos. Recibidla pidiendo a Dios por el eterno descanso de nuestra virtuosa madre.

Burocracia y política

No tuvo actuación política destacada, pero su firme catolicismo y la amistad con escritores tradicionalistas —Selgas, Nocedal, Cañete— le situaron frente a la actuación liberal más avanzada, por lo que hubo de sufrir las consecuencias del fugaz establecimiento de gobiernos de este signo... Así, durante el bienio progresista, resultado del pronunciamiento de Vicálvaro (1854), fue declarado cesante en su empleo burocrático; había servido a la administración del Estado, sucesivamente, en los Ministerios de Comercio, Gracia y Justicia y Gobernación.

Significativa en este momento es la dedicatoria de la comedia *Hija y madre* (1855) al orador político don Cándido Nocedal:

> Gózome en verle a usted defender con sumo talento, valor extraordinario y nobleza nunca superada, sus íntimas convicciones en el revuelto campo de la política.

Vuelto al poder Narváez, jefe de los «moderados», reingresa Tamayo, ascendido en su cargo del Ministerio de la Gobernación (1856). Y en junio de 1868 pasa a depender de otro Ministerio al ser distinguido con la Jefatura de la Biblioteca Universitaria de Madrid. Pero al poco, la revolución de septiembre, llamada la «Gloriosa», le dejó cesante en su flamante cargo del Cuerpo de Archiveros y Anticuarios, como entonces se les denominaba. La reacción de Tamayo en esta ocasión fue la de entrar directamente en la lucha política, aunque por breve tiempo. En 1871 se declara frente a la monarquía liberal —«el liberalismo es pecado»— y presenta su candidatura como diputado carlista por la comarca riojana de Santo Domingo de la Calzada y Haro. Su *Carta-manifiesto* a los electores terminaba con la rotunda afirmación: «Yo soy católico, y por consiguiente carlista.»(Lamentable confusión entre religión y política, frecuente en la España moderna y contemporánea.)

Por supuesto, la condenación del liberalismo como pecado estaba en la línea de las inflexibles doctrinas del papa reinante, Pío IX, proclamadas en el *Syllabus* (1864), o índice de los *errores* modernos (Estado laico, libertad de conciencia, soberanía del pueblo, etc.); y en ese espíritu se reunió el Concilio Vaticano I (1869-1870), que había de proclamar el dogma de la infalibilidad del Sumo Pontífice cuando habla *ex cathedra.*

Como descubrió el profesor Ramón Esquer, Tamayo llega a formar parte de la Junta Central Tradicionalista, por lo que fue desterrado de la Corte al estallar la nueva guerra civil promovida por el carlismo; muy pronto había de ser indultado y pudo regresar a Madrid el 2 de octubre de 1872. Bien es verdad que en el citado *Manifiesto* puede verse que la defensa del titulado Carlos VII no llegaba hasta el extremo de atizar los ánimos para una contienda bélica; propugnaba más bien el *«triunfo legal»* del pretendiente, «sin omitir ningún *medio lícito»*...

Por eso, desatada la lucha fratricida, se retiró de su fugaz participación en la política activa y en los años de la

Restauración vería con agrado la postura de sus amigos los «neos», que suscitaron la escisión integrista dentro del tradicionalismo y reconocieron la monarquía liberal de Alfonso XII, a la que se incorporan para defender en ella sus acendrados ideales religiosos.

Y la Restauración borbónica había de compensar altamente a nuestro dramaturgo de las cesantías sufridas en los efímeros periodos revolucionarios. Don Marcelino Menéndez Pelayo concluye su monumental *Historia de los heterodoxos españoles* (1880-1882) con la mención de Tamayo «nuestro primer dramático», entre los católicos fervientes —Selgas, Balmes, Fernán Caballero— de aquella centuria, agitada por el escepticismo, el krausismo y otras heterodoxias.

Académico

Antes de cumplir los veintinueve años, y para cubrir la vacante del eclesiástico don Juan González Cabo-Reluz, fue elegido Tamayo, por unanimidad, miembro de la Real Academia Española de la Lengua, el día 18 de marzo de 1858. (Ocuparía el sillón de la letra O.)

Presidía entonces la corporación el dramaturgo y político Martínez de la Rosa, y era secretario el comediógrafo Bretón de los Herreros. Con estos personajes, y el aplauso con que celebró la elección el académico Hartzenbusch, queda patente que el signo teatral seguía mimando a Tamayo y Baus.

El día 12 de junio de 1859 leyó su discurso académico, acerca de *La verdad considerada como fuente de belleza en la literatura dramática,* que podemos estimar como el manifiesto del realismo escénico, a pesar de cierto eclecticismo. Le contestó el eminente quevedista don Aureliano Fernández-Guerra y Orbe, colaborador de Tamayo en el drama feudal de *La ricahembra* (1854).

Secretario de la Academia

En 1862 muere Martínez de la Rosa, y le sucede como director de la Real Academia Española el duque de Rivas. Fallecido éste en 1865, bajo la nueva dirección del marqués de Molíns, se nombra a Tamayo secretario perpetuo de la corporación (1874), con residencia en el mismo domicilio de ella, a la sazón en la calle de Valverde.

Seudónimos

Desde su ingreso en la Academia, quizá para dejarla a salvo de los azares de un estreno teatral, Tamayo no firma sus creaciones dramáticas con su nombre, sino que las va presentando con diversos seudónimos.

Algunos de ellos son expresión de la modestia del autor: *El Otro, Fulano de Tal, José García, Juan del Rosal, Eduardo Rosales...*

Pero el más importante, y con el que estrenó *Un drama nuevo* (1867), fue el de *Joaquín Estébanez*, homenaje postrero a la memoria de su madre, ya que adopta su nombre de pila, aplicado a varón, junto a otro apellido de la familia.

Deja el teatro

Notable caso el de un escritor de tan hondas raíces en el huerto escénico y tan firme vocación teatral como Tamayo, que decide no escribir más para el teatro, a partir del estreno de *Los hombres de bien,* en 1870. Tenía entonces cuarenta y un años, es decir, que se encontraba en plena madurez creadora y halagada por éxitos, aunque también padeciera críticas adversas, no siempre estrictamente literarias.

Aún vivió veintiocho años más, pero dedicado por entero a tareas académicas e intelectuales: colaboró en el Diccionario oficial de la lengua, en la revisión de la Gramática, en la redacción de actas e informes académicos.

Isidoro Fernández Flórez escribía en 1884, a propósito de esta retirada:

> Dejémosle con su genio, con su saber, con su modestia, entre su familia, sus amigos, sus libros, y, tal vez, sus melancolías de autor sin actores y sin público...
> Y dejémosle allí, sin pesar. Dicen que es dichoso.

A cuantos requerimientos se le hicieron para volver al cultivo del arte dramático respondería, más o menos, como lo hizo en 1890 al poeta argentino Calixto Oyuela:

> Deje usted que calle: vivo así más tranquilo. Desde que no escribo, me quieren y me respetan más: ¡ya no hago sombra a nadie!

Director de la Biblioteca Nacional

En las postrimerías del reinado de Alfonso XII, un gobierno presidido por Cánovas del Castillo, y a propuesta del ministro de Fomento don Alejandro Pidal y Mon, nombró a Tamayo director de la Biblioteca Nacional y jefe superior del Cuerpo de Archiveros y Bibliotecarios (1884).

En 1894 se realizó el traslado del domicilio de la Academia y, por tanto, del de nuestro autor, desde la calle de Valverde al palacio actual, de factura neoclásica, obra del arquitecto Aguado de la Sierra, en la calle de Felipe IV. Era director entonces de la Real Academia el conde de Cheste. Tamayo cooperó en la selección de nombres ilustres que fueron inscritos en el nuevo salón de actos.

Al año siguiente trabajó con extraordinario empeño y eficacia en otro traslado: el de la Biblioteca Nacional, desde el palacio de Oriente al edificio que hoy ocupa en el paseo de Recoletos, también de gusto clasicista, obra de Jareño y Salces.

La muerte

Tamayo y Baus fue jubilado de su cargo en la Biblioteca Nacional en el mes de noviembre de 1897, por encontrarse muy enfermo. Se trataba de una larga y penosa dolencia, que le tuvo postrado casi un año y al fin le produjo la muerte, el día 20 de junio de 1898. (Año singularmente nefasto para la historia de España por la guerra con los Estados Unidos de América, que acarreó la pérdida de Filipinas, Cuba y Puerto Rico.)

Para Gerald Flynn resulta significativa la desaparición de Tamayo en 1898, el año en que hace crisis el viejo orden, ardientemente defendido en los dramas de tesis de nuestro autor.

Recibió sepultura al siguiente día en la sacramental madrileña de San Justo. La Real Academia Española expresó a la viuda su sentimiento con palabras de digno encomio:

> ... Los servicios prestados a la Academia por el señor Tamayo fueron ciertamente inapreciables, en especial los que le prestó como Secretario por espacio de más de veinticuatro años; imponderable es por lo mismo la gratitud que le debe nuestra Corporación por tales servicios, e inextinguible el amor que conservará a la memoria de aquel ingenio peregrino que, al par que gloria y ornamento de nuestro Instituto, fue honor el más alto de la literatura española de este siglo, lustre de nuestra sociedad y prez y honra de España...

Tamayo y Baus legó a la Academia su rica biblioteca particular y sus valiosos manuscritos con borradores y apuntes para sus obras publicadas y proyectos de las que no llegaron a ver la luz.

La obra

Preceptiva dramática

Las teorías de Tamayo acerca del arte dramático están contenidas en los breves prólogos a varias de sus obras y, principalmente, en su discurso académico, *De la verdad considerada como fuente de belleza en la literatura dramática* (1859), escrita en noble retórica muy de su siglo.

Se declara realista, pero considera que en la realidad caben la materia y el espíritu, lo visible y lo invisible. El arte no copia maquinalmente lo real, sino que inventa lo verosímil con soberana libertad. Lo bello va unido a lo verdadero.

El autor dramático no debe ocultar los vicios y flaquezas humanas: «Lo bello y lo feo, así como en lo físico en lo moral, recíprocamente se explican, se complementan, se quilatan.» Puesto que son inseparables en la realidad del mundo, también lo serán en el arte escénico.

De acuerdo con los clásicos, es fin del arte deleitar aprovechando. Pero sin adoctrinar abiertamente, sin demostrar el principio moral con razonamientos, sino conmoviendo al espectador. (Juicioso principio que a veces descuidó el propio Tamayo en sus obras de tesis.)

Esta preocupación edificante le acompañó desde muy pronto, como podemos ver en el prólogo de *Ángela* (1852):

> Pero juzgo necesario, para que el drama ofrezca interés, hacer el retrato moral del hombre con todas sus deformidades, si las tiene, y emplearlo como instrumento de la Providencia para realizar ejemplos de provechosa enseñanza. En el estado en que la sociedad se encuentra es preciso llamarla al camino de la regeneración, despertando en ella

21

el germen de los sentimientos generosos; para vencerlo con el eficaz auxilio de la compasión, virtud la más noble y santa de las virtudes.

Más que a historiar sucesos, tiende la escena a pintar las causas morales que los originan. Al dramaturgo le interesa menos lo que hace el hombre que el porqué y el cómo lo hace. Su profesión de fe literaria la hizo constar en *Ángela,* mediante un aforismo providencialista: «Los hombres, y Dios sobre los hombres.»

En cuanto al aspecto formal, cabe la poesía tanto en verso como en prosa (y de hecho fue sustituyendo ésta al primero en la evolución de Tamayo desde el teatro romántico al realista). La naturalidad y sencillez deben ser la norma de quien escriba para la escena: «Si en cualquier género de la poesía merece vituperio la dicción amanerada y falsa, merécelo muy particularmente en el poema dramático.»

Los clásicos griegos, los neoclásicos franceses y el inglés Shakespeare son apreciados por Tamayo en vario tono. Puntualiza los valores de nuestra escena del Siglo de Oro:

> Lauro hermoso de nuestros célebres poetas del siglo XVII es haber fundado un teatro universal, en cuanto cristiano, y nacional, en cuanto español; haber sabido pintar en él, además de la índole común a la humanidad en las sociedades modernas, el carácter peculiar del hijo de España.

Ensalza a Leandro Fernández de Moratín, de quien dice sagazmente «que no es clásico, sino romático, a pesar suyo». Se exalta, en fin, ante los dramas representativos del romanticismo español, como el *Don Álvaro,* del duque de Rivas, o *Los amantes de Teruel.* (¡Cómo debieron conmoverle en los años de su adolescencia!)

En conjunto, tiene la concepción trágica del teatro, de raíz griega, en que los protagonistas son víctimas de maquinaciones externas y las pasiones humanas incendian sus pechos con llamas inextinguibles.

Al margen de sus doctrinas, más o menos incorporadas a su quehacer literario, debemos considerar que vivió desde niño la técnica del teatro y conoció directamente toda la gama de recursos y trucos escénicos.

Años después de su discurso ante la Real Academia Española había de insistir en su concepción moral y docente del teatro, en un breve prólogo a las *Obras de don Adelardo López de Ayala* (Madrid, 1881, I), a quien consideraba «vigoroso y honrado creador de *Un hombre de Estado,* de *Rioja,* de *El tejado de vidrio,* de *El tanto por ciento* y de *Consuelo,* obras en que 'lo bello y lo bueno' se dan la mano para enseñorearse de las almas, deleitándolas y enalteciéndolas; obras admiradas de los hombres y quizá gratas a los ojos de Dios».

Variedad de géneros dramáticos

Al examinar la producción dramática de Tamayo, sorprende la variedad de géneros que cultivó.

En ella encontramos traducciones y arreglos, del francés generalmente, como *Una aventura de Richelieu* (1851), sobre el drama de Dumas del mismo título; juguetes cómicos, cual *Un marido duplicado* (1849), en colaboración con Miguel Ruiz, o *El peluquero de Su Alteza* y *Huyendo del perejil* (1853); melodramas del tipo de *Fernando el pescador* o *Málaga y los franceses* (1849), al que se considera indigno de su pluma; loas poéticas, en colaboración con Manuel Cañete: *La esperanza de la Patria* y *Don del Cielo* (1852); la tragedia clásica *Virginia* (1853); dramas de tesis, como *Lances de honor* (1863), o históricos, cual *Locura de amor* (1855); la comedia moral *Lo positivo* (1862) y proverbios escénicos de manifiesto color docente: *Del dicho al hecho, No hay mal que por bien no venga;* e incluso la zarzuela de magia *Don Simplicio Bobadilla Majaderano y Cabeza de Buey* (1853), que fracasó a pesar de tener buenos números musicales, a cargo de los maestros Inzega, Hernando, Gaztambide y Barbieri.

Como dice Valbuena Prat en *El teatro moderno en España,* Tamayo «es toda una síntesis de las tendencias que fueron adueñándose de diversas épocas durante el siglo XIX: cultiva la tragedia clásica, el drama romántico, la comedia de costumbres, la obra nacional e histórica, la de puro y superior sentido teatral y humano, y la de tesis y circunstancias».

Dos etapas en su teatro

Se han señalado dos periodos o etapas en la evolución de su dramaturgia (aunque en la segunda pueda haber concluido o perfeccionado argumentos gestados en la primera). Cada una de ellas comprende unos ocho años aproximadamente.

Primera etapa (1848-1856): se abre con *El cinco de agosto,* ya mencionado, y termina con *La bola de nieve.* Se caracteriza por el paso de un romanticismo gesticulante, y otro más moderado de cuadros históricos, a la comedia realista de costumbres. Es el momento precursor de la llamada *alta comedia,* alumbrada por Ventura de la Vega y que había de triunfar más tarde con Adelardo López de Ayala.

Segunda etapa (1862-1870): va de *Lo positivo,* comedia moratiniana de costumbres, a *Los hombres de bien,* comedia satírica impregnada de cierta misantropía social. Y en medio, la obra genial, *Un drama nuevo* (1867), quizá preparada ya durante la primera etapa.

A poco de retirarse de la escena (1870), surgen nuevas figuras y va cambiando el gusto literario. La temática filosófica, social y religiosa, se injerta en el neorromanticismo declamatorio de Echegaray *(El libro talonario,* 1874), Sellés y Cano. En pugna con las exageraciones neorrománticas, triunfa la sencillez expresiva de Pérez Galdós en *Realidad* (1892), y aparece el nombre de Benavente con *El nido ajeno* (1894). Por último, emerge el teatro social con el *Juan José* (1895), de Joaquín Dicenta.

Repertorio no extenso

Si es grande la variedad de géneros dramáticos cultivados por Tamayo, lo es mucho menos la cantidad global de sus obras, a pesar de su precocidad, por haberse retirado en edad más bien temprana. En conjunto suman unas treinta, y de ellas menos de una docena son verdaderamente importantes.

Pero es justo consignar aquí un certero aforismo del propio Tamayo: «El mérito de los escritores no se mide por la frecuencia, sino por la magnitud de los aciertos.» (A Cervantes le basta y le sobra con el *Quijote* para ser uno de los mejores novelistas de la literatura universal; valga como ejemplo señero, pues *Don Quijote* es único.)

Influjo de Schiller

En su extrema juventud, Tamayo se sintió singularmente atraído por el teatro de Schiller (Shakespeare y Calderón habían de sustituirle en años de madurez).

Juana de Arco (1847), inspirada en *Die Jungfrau von Orléans* (1801), es un ensayo primerizo brotado al calor del entusiasmo por Schiller.

Inspirada en *Kabale und Liebe* («Intriga y amor»), del mismo dramaturgo alemán, escribió *Ángela;* pero en ella ya brilla el genio de Tamayo con una disposición original de los materiales, una prosa castiza y recortada, y una lección moral contra el egoísmo humano. La estrenaron en 1852 la excelente actriz Teodora Lamadrid y el primer actor Joaquín Arjona. En el prólogo queda patente el homenaje al poeta del *Sturm und Drang:*

Como la chispa que brota del pedernal herido por el eslabón, este drama ha brotado en mi fantasía herido por la impresión que causó en ella la lectura de la obra de mi insigne, de mi admirado maestro, J. C. Federico Schiller.

Una tragedia reelaborada

Virginia (1853) es una tragedia de tema e impecable factura clásicos, pero de sentimiento romántico subyacente. Otro tanto puede decirse de *La muerte de César,* original de Ventura de la Vega. Son las mejores tragedias españolas del siglo XIX, juntamente con el *Edipo* de Martínez de la Rosa.

Frente a la generalidad de la crítica, el historiador del teatro español Francisco Ruiz Ramón considera inferior la tragedia de Tamayo («producto híbrido de neoclasicismo y neorromanticismo, con la particularidad de que en el compuesto, cada uno de los componentes destruye la virtud que pudiera tener el otro», con un acto final «lleno de retórica y de latiguillos entre el tirano y el héroe de la libertad»).

Teatro histórico

El Romanticismo puso de moda los temas históricos, en la novela y en el teatro. Pasada la exaltación romántica, el gusto por las reconstrucciones históricas, en las letras y en la pintura, llena toda la segunda mitad del siglo XIX, junto al auge alcanzado por las ciencias históricas.

En colaboración con don Aureliano Fernández-Guerra escribió Tamayo *La ricahembra* (1854), basada en un personaje de la historia real, doña Juana Mendoza, que vivió en la Rioja del siglo XIV, durante el reinado de Juan I. Es la mujer fuerte de la Biblia y personifica los valores del feudalismo caballeresco, templado por el idealismo cristiano: «sólo hay dicha en la virtud». Frente a las vindictas medievales del «hierro a hierro y cara a cara», se proclaman las doctrinas evangélicas en fáciles versos octosílabos:

> ¡*Gran venganza es el perdón!*
> Pues hoy por su culpa brilla
> con nuevo esplendor tu frente,
> perdona al que se arrepiente
> y levanta al que se humilla...

El gran acierto de Tamayo en el género histórico fue *Locura de amor* (1855), drama inspirado en la enigmática soberana doña Juana la Loca. De aguda penetración psicológica, lleno de sentido nacional y escrito en prosa vibrante, pronto fue traducido al francés, inglés, portugués, alemán e italiano, refrendando en los escenarios europeos el gran éxito alcanzado en los españoles; su presentación en Alemania, según la versión de Wilhelm Hosaeus, se convirtió en verdadero acontecimiento (1871).

La figura histórica de la infortunada reina había de inspirar también a los pintores de la época: Lorenzo Vallés fue muy elogiado por su cuadro, de interior recoleto y suaves colores, *Demencia de doña Juana la Loca* (1866), que puede servir de ilustración a las últimas escenas del drama de Tamayo. Y el lienzo de Francisco Pradilla, *Doña Juana la Loca*, con las figuras recortadas en un paisaje ventoso, bañado en luces lívidas de ocaso, fue premiado con medalla de honor en las exposiciones de Madrid y París (1878). En nuestros días aún ha servido de modelo este cuadro de Pradilla para la escena culminante de la obra al ser llevada al cine *Locura de amor,* según el guión cinematográfico de don Manuel Tamayo y Castro, nieto del actor Victorino, hermano del dramaturgo; la actriz Aurora Bautista encarnó admirablemente el papel de la desgraciada reina.

Comedias morales

Contra los celos, convertidos en morbosa pasión, apunta la comedia dramática *La bola de nieve* (1856), escrita en verso y con resabios románticos en su final efectista. En ella, los celos infundados y las suspicacias impertinentes acaban por inducir al resultado evitable. Este es, fundamentalmente, el tema adoptado por Echegaray en *El gran galeoto*.

De 1862 es la comedia *Lo positivo,* basada en *Le duc Job* (1859), de León Laya, pero reducida en su extensión y en el número de personajes para concentrar la lección religiosa y moral. Resulta de ello una pieza menos artística que discursiva y sermoneadora, donde abundan los parlamentos del tenor siguiente:

> Dile que con el dinero se puede fundar una casa espléndida, pero no familia dichosa; que con el oro de su marido comprará una mujer galas para su cuerpo, no satisfacciones para su alma; que las riquezas no siempre tienen por compañera a la alegría. Dile que huya del peligro de parecerse a esas deidades de la moda, para quienes el único fin de la vida es lucir y gozar, y cuyo empedernido y encanallado corazón sólo ve en el amor de esposa un estorbo molesto, una traba odiosa en el amor de madre, un yugo insufrible en el amor de Dios. Dile que esos placeres por que anhela son flores venenosas que, halagando los sentidos, estragan el alma... *(Acto 2.º, escena III.)*

Dramas de tesis

Se acentúan en ellos las características últimamente señaladas. Aumenta el doctrinarismo y se recargan los tintes protervos de ciertos personajes: precisamente los de ideas liberales o progresistas.

Aquí el teatro se convierte en tribuna y cátedra moderna, que habla fuerte y alto, como quería Víctor Hugo en el prefacio a *Lucrecia Borgia* (1833), sólo que con distinto objetivo: con discursos prolijos al servicio del catolicismo integrista.

Verdadero revuelo promovió el drama *Lances de honor* (1863), por contener un encendido alegato contra la convención social de los desafíos, tan en pugna con la moral cristiana como admitidos entonces por la clase media elevada y los círculos aristocráticos. Para Menéndez Pelayo era la mejor obra del autor.

No obstante, nos resulta hoy demasiado enfática y discursiva, como puede colegirse de algunos parlamentos del protagonista don Fabián García, que encarna las ideas y creencias del autor:

> Mire usted: yo no quería batirme —ya sabe usted por qué—, porque soy un necio, un mentecato que cree muy formalmente llevar en sí un alma inmortal; que cree en la gloria y en el purgatorio y hasta en el infierno —ría usted cuanto quiera—; que cree en Dios, en una palabra, y aun tiene la poca aprensión de decirlo. Tales razones, claro está, no podían parecerle a usted satisfactorias. Esto de creer en el Dios del catecismo se queda bueno para la gente de cortos alcances, pusilánime y ruin; que ustedes, los hombres de voluntad propia y juicio independiente, saben hacerse a cada momento dioses a su gusto; dioses compatibles con esa dignidad humana, que consiste en rechazar con ira y desprecio el yugo del sagrado deber, y en aceptar humildemente el de ridículas o viles preocupaciones.
>
> ... ...
>
> Para no batirme tengo todavía muchas razones. Usted abandona adrede a su hijo para que piense y obre como quiera: yo estoy consagrado a guiar al mío por el camino de la virtud; usted, muriendo, a nadie causaría sino aflicción muy pasajera; yo arrastraría conmigo al sepulcro a una mujer en quien durante veintisiete años sólo he visto amor, abnegación, piedad; usted, al día siguiente de haberme dado muerte, se iría a comer de fonda con sus amigos; yo, si le matara a usted, quedaría condenado a morirme de pena y remordimiento; usted no vive más que para gozar los mezquinos bienes de la tierra; yo vivo para merecer los

bienes infinitos del cielo; usted no llevaría al combate más que la vida en que cree: yo llevaría una vida eterna. Pues dígame usted si un duelo entre los dos sería un duelo igual; dígame si se debe jugar una vida que vale tanto contra una vida que vale tan poco. (*Lances,* acto 2.º, escena XIII.)

Nótese el cerrado maniqueísmo de la argumentación.

Más discutida fue la tesis de *Los hombres de bien* (1870), última obra que llevó Tamayo al escenario. Lanzaba ahora sus dardos contra la hipocresía y el indiferentismo de los que no mueven ni un dedo contra la injusticia. Juntamente con los escépticos, se veían allí caricaturizados muchos conservadores que se encogen de hombros ante el espectáculo de la ruindad triunfante. La mención de una breve conseja, por el protagonista Damián, resume bien la intención del drama: «¡Vive Dios, que los cien gallegos del cuento que se dejaron robar porque iban solos tenían a quien parecerse: a los hombres de bien!» La solución es de un pesimismo naturalista, poco frecuente en Tamayo, y podría compararse a la rama cristiana del existencialismo en nuestros días.

Según la reciente *Historia social de la Literatura española* (de Blanco Aguinaga, Rodríguez Puértolas e Iris M. Zavala), «*Los hombres de bien* es el drama de la intolerancia conservadora contra el «racionalismo invasor», en que el «impío» es compendio de todos los males y las mujeres que leen a Renán están predestinadas a la pérdida del honor» (II, pág. 130).

En opinión de Gerard Flynn, Tamayo era un hombre sincero y devoto, de visión limitada («He was a sincere, devout man who had a certain limitation of vision»). Sobre todo, en sus comedias moralizadoras al servicio del *ancien régime* y en protesta de las ideas modernas: *Lo positivo, Lances de honor, Del dicho al hecho, No hay mal que por bien no venga* y *Los hombres de bien.*

Poesía lírica

La obra lírica de Tamayo y Baus, en casi su totalidad inédita, fue recogida y publicada en 1968 por Ramón Esquer, quien, a pesar de considerarla provisional y pendiente de una última revisión por el autor, encuentra en ella que «abundan los versos impecables y las estrofas acertadas».

En realidad, no suelen rebasar estos poemas la corrección propia de un buen aficionado. Pero pueden servirnos, por tratarse de expansiones íntimas del escritor, para perfilar sus sentimientos e ideología personal.

Suelen ser poesías de circunstancias, muy limitadas al ambiente o sucesos que las inspiraron, y en la línea política ya señalada. Así, los tercetos para solemnizar el matrimonio de su amigo Cándido Nocedal, el conocido tribuno del carlismo («Y sin cejar un paso en la demanda / de pueblo y trono los destinos liga / y en el nombre de Dios legisla y manda»).

Un juvenil poema en quintillas iba dedicado al conde de San Luis (don José Luis Sartorius), jefe político del grupo más conservador o «moderado» en tiempos de Isabel II.

Su romance a la victoria del general Prim en la batalla de los Castillejos fue publicado en el *Romancero de la Guerra de África* (Madrid, 1860).

Quizá su poema de más empeño sea una larga silva, bajo el título sorprendente de *España sin honra*, «canto épico a la Revolución de septiembre» (mejor dicho, contra ella, conocida por sus partidarios como «la Gloriosa», al calor del manifiesto de *¡Viva España con honra!*). Se publicó en Madrid el año 1869, a nombre del autor J. M. Estébanez. Como por entonces nuestro dramaturgo firmaba sus obras con el seudónimo de Joaquín Estébanez, y dadas sus fobias y simpatías político-ideológicas, Esquer considera muy probable la atribución a Tamayo y Baus de estos versos, como ya lo hiciera Julio Cejador.

Más que un *canto épico* es una diatriba de violencia insólita, con matices de libelo, contra los revolucionarios que destronaron a Isabel II. Comienza aludiendo a la sublevación de la escuadra en la bahía de Cádiz:

> Musa, desciende a mí: la épica trompa
> dame para cantar crímenes fieros
> y maldades y horrores increíbles,
> que revestidos de engañosa pompa
> invadieron insanos
> la desdichada patria
> en alas de los vientos gaditanos...

Los más negros dicterios se lanzan contra los caudillos de aquella rebelión militar progresista: «las fatídicas figuras / de esas tres repugnantes criaturas» (Prim, Topete y Serrano), «hijos de Caín», alzados «contra una reina generosa y buena».

Sigue más allá, una sarta de enconados improperios, dirigidos contra los más insignes diputados de las Cortes Constituyentes de 1869: Castelar es «el impío que al Santo calumnió», Pi y Margall «de la ignorancia fiel trasunto», Figueras «el infido», Ruiz Zorrilla «el insano», Suñer Casademunt el «torpe galeno / de cuya horrenda boca / pestilente veneno / brotó envuelto en sacrílegas palabras», etc.

Dentro de su desmelanado patetismo, resultan estos versos un ejemplo muy interesante de la acritud pasional que dividía las dos Españas. En una primera lectura ya se advierten reminiscencias clásicas e influencias contemporáneas de signo diverso. En *el hierro insano* de la lucha fratricida, encontramos un eco de la *Profecía del Tajo,* de Fray Luis de León; pero al sumar Felipe II a los genios maléficos de la historia de España, nos viene a la memoria la oda de Quintana *Al panteón del Escorial,* nada acorde en su línea liberal con el pensamiento de Tamayo. De Quintana y otros grandilocuentes poetas del siglo XIX es también el tono retórico general de esta singular composición contrarrevolucionaria.

Obras principales

En el teatro de Tamayo y Baus destacan extraordinariamente, muy por encima de todas las demás, estas tres obras: *Virginia, Locura de amor* y *Un drama nuevo*. Ninguna de ellas sobrepone la lección moral a la eficacia estética.

Las dos últimas han revalidado sus títulos en la pantalla cinematográfica, mediante guiones de don Manuel Tamayo y Castro, de quien ya hemos hablado, como descendiente colateral del autor.

Algunos críticos añaden a esta selección *Lo positivo, Lances de honor* o *La bola de nieve,* pero sin razones suficientes.

Hay quien estima *La locura de amor* como la obra maestra. Sabemos que el propio autor prefería entre todas a *Virginia.* Pero es casi unánime la opinión que considera *Un drama nuevo* como la joya más preciosa entre las creaciones de Tamayo.

Un drama nuevo

Argumento

PRIMER ACTO.—La fábula se sitúa en Inglaterra a comienzos del siglo XVII, el mismo año de la aparición del *Quijote* en España (1605), y poco después del nacimiento de *Hamlet* (1602?).

Shakespeare, dramaturgo ya consagrado y director de famosa compañía teatral, se dispone a estrenar un drama nuevo, primera obra de un autor joven. Yorick, excelente actor cómico de la compañía, solicita el papel trágico de marido engañado, para probar sus dotes profesionales en lo serio; no se resigna a la misión de hacer reír **solamente menospreciada por sus** compañeros. Shakespeare accede por amistad, aunque advierta los riesgos del experimento, agravados en el caso presente por coincidencia de las situaciones real y ficticia, pues sabe que la esposa de Yorick está enamorada de Edmundo, protegido de su esposo, y los dos han de representar en el drama los papeles de la esposa infiel y del amante, respectivamente.

La tensión aumenta con la intervención de Walton (el actor serio, desplazado por Yorick), hombre resentido, que disimula su despecho con una frase malintencionada: «Cuadra a Yorick divinamente el papel de marido ultrajado, y no se le debe disputar.»

Shakespeare aconseja a los platónicos amantes la sepa-

34

ración —ausencia y olvido— y propone ayudarles para que el buenísimo Yorick no llegue a ver su matrimonio irremediablemente escarnecido.

Pero Walton acude a la misma casa de Yorick y se ofrece para auxiliarle en el estudio del nuevo papel, reservándose para sí mismo el de confidente, «que es, como odioso, muy difícil».

Disimula sus verdaderos sentimientos e instruye tan bien a Yorick, que el acto termina patéticamente, con el desmayo de Alicia al increparle su marido con énfasis exagerado, recitando una frase de su tan insólito como insospechadamente adecuado papel dramático: «¡Tiemble la esposa infiel!...»

El grito de «¡Perdón!», proferido por ella al caer sin sentido, deja confuso a Yorick y traspasado de oscuros presentimientos.

Segundo acto.—Se desarrolla también en el domicilio de Yorick. Walton, en el monólogo inicial, nos descubre la doblez de su juego indigno. Pensó un momento en que el fracaso artístico de Yorick sería la venganza cabal por apropiarse de un papel que no le correspondía; pero sospecha ahora que el vulgo terminará por aplaudir al gracioso en su papel trágico. Por otra parte, el mismo Walton ha dado palabra a Shakespeare de no revelar el secreto infamante a Yorick, cada vez más celoso tras de la ilimitada confianza anterior. Llega Yorick, que ha oído casualmente a Walton asegurar a Shakespeare no haber faltado a su promesa; en diálogo rápido y acerado no consigue Yorick de su rival artístico una revelación categórica, pero sí unas reticencias que desesperan aún más al desdichado esposo, quien termina por señalar un plazo de media hora para saber la última resolución de Walton: si le revelará o no el secreto.

Yorick comunica a Edmundo sus vehementes sospechas acerca de la fidelidad de Alicia, aunque sin acertar en la identificación del amante.

Edmundo propone la fuga a la conturbada Alicia, que no acepta al principio, luchando desesperada entre las

35

contrapuestas solicitaciones de la gratitud a su esposo y el amor a Edmundo. Sigue una escena violenta entre Yorick y su esposa; va descubriendo que ella, mucho más joven que él, fue al matrimonio quizá obligada por el reconocimiento a los beneficios y por consejo de la madre moribunda, más que por verdadero amor, concedido a otro; niega ella débilmente y termina por caer de rodillas llorando... La súbita presencia de Shakespeare, que la recoge y lleva con serena gravedad a su aposento, deja anonadado al marido. (¿Será su rival amoroso el mismo director de la compañía?)

Vuelve Walton, pues ha concluido la media hora de plazo, dispuesto a no decir nada; pero Yorick le exaspera con el cuento de la propia desdicha del primero, no sepultada en el olvido de los veinte años pasados: el joven casado con una mujer hermosísima, a quien sorprendió en los brazos de un hombre de prosapia; «resolvió tomar venganza de la esposa, y la esposa desapareció por arte de magia para siempre»; pero la venganza tramada contra el amante se volvió en un apaleamiento sobre el marido, doblemente castigado. La gloria dramática, con nombre supuesto, había de ser el único bálsamo para la herida del actor. Pero no todos ignoran aquel viejo punto de honra. Yorick le hostiga con la implacable exigencia del honor pretérito, «porque el marido ultrajado que no se venga es un infame». Y Walton estalla al fin diciendo que Yorick consiente y vive en paz con su deshonra; sostiene que Alicia tiene un amante, pero sin dar el nombre ni las pruebas que su rival exige. Yorick se arroja sobre Walton con intención de estrangularlo, y en ese momento aparecen Shakespeare, Alicia y Edmundo.

Walton se retira mascullando amenazas; Yorick abraza sollozando a Shakespeare, disipada su sospecha de ser su rival el amigo y celebrado autor. Alicia, desesperada y temiendo una venganza mortal, promete en voz baja a Edmundo escapar con él al siguiente día.

Pero esa noche se ha de estrenar el *drama nuevo*...

Tercer acto. —Está dividido en dos partes. La *primera* se desarrolla en el camerino de Yorick y Alicia en el teatro, mientras se está representando el último acto del drama nuevo. El autor y el traspunte admiran la maestría de Yorick en el papel de conde Octavio, y escuchan los aplausos del público. Walton se siente dominado por una envidia impotente.

Edmundo en la imposibilidad de verla a solas, escribe una carta en la que participa a su amada que tiene todo preparado para escapar con ella en un barco al día siguiente.

Walton, que la está espiando, descubre a Yorick la existencia de la carta. Forcejea el marido con su mujer para arrancarle la misiva, y es Walton quien consigue apoderarse de la prueba fatal. Yorick debe salir inmediatamente al escenario, pues la representación no puede detenerse; y tras él, Walton, que debe entregarle en escena una carta fingida (papel en blanco) donde se descubre la infidelidad de Beatriz, esposa del conde. Entre bastidores, Shakespeare pretende que Walton le devuelva la comprometedora carta de Edmundo para salvar todavía la situación, puesto que Alicia no está plenamente decidida a escapar. Pero Walton entrega a Shakespeare la carta en blanco que lleva como actor y sale a escena con la carta de Edmundo. «La serpiente ha engañado al león. ¡Aplaste el león a la serpiente!», ruge el autor de *Hamlet,* llevándose la mano a la espada.

La *segunda parte* tiene lugar en la escena misma, donde se nos presenta el gran salón en el palacio del conde Octavio. Allí encontramos a Yorick en el papel del conde, Edmundo en el de Manfredo, Alicia en el de Beatriz y Walton en el de Landolfo, recitando los versos finales —estremecedores— del drama nuevo. El delator Landolfo entrega la carta auténtica y se retira de la escena con diabólica satisfacción. Yorick la lee, y desde ese momento «hace suya la situación ficticia de la comedia». La ficción dramática se convierte en realidad, pues Alicia y Edmundo están representando, sobrecogidos, la tragedia misma de su amor culpable; solamente se deshace el embrujo teatral al caer Manfredo, es decir, Edmundo, herido de muerte por el acero vengador del conde (Yorick), en leal contienda frente a frente. Cuando Alicia grita su dolor real, sin ningún fingimiento, invaden el escenario el autor, el traspunte, actores y empleados... Y Shakespeare, muy conmovido, explica al público la imposibilidad de concluir la representación del drama por la terrible verdad de la muerte de Manfredo (Edmundo). También comunica el final de Walton en desafío callejero. Termina con una patética admonición: «Rogad por los muertos. ¡Ay; rogad también por los matadores!»

Se han borrado por completo los límites del teatro y el mundo real. La vida y la ilusión escénica se han fundido totalmente.

Yorick

Los caracteres de *Un drama nuevo* están primorosamente delineados. Destaca entre todos la figura de Yorick, hombre esencialmente bueno, muy enamorado de su mujer y de la profesión teatral, generoso protector de Edmundo, gran amigo y entusiasta admirador de Shakespeare.

El nombre, y su dedicación al menospreciado oficio de hacer reír a los demás, proceden del *Hamlet* de Shakespeare; cuando el príncipe de Dinamarca entra en el camposanto, sin saber aún la muerte de Ofelia, toma en la mano la calavera de quien había sido bufón del rey, su padre, y recita la siguiente loa:

> ¡Ay, pobre Yorick! Lo conocí, Horacio; era un ser de gracia sin igual, de fantasía excelente; mil veces me llevó a caballo sobre sus hombros. Y ahora, ¡cómo me abomina la imaginación!, me da náuseas pensarlo. Aquí pendían los labios que tantas veces besé. ¿Dónde están ahora tus chistes, tus cabriolas, tus canciones, tus relámpagos de buen humor que ponían la mesa en regocijo?... *(Hamlet,* acto V, escena 1.ª. Traducción de Salvador de Madariaga.)

El símbolo shakespeariano del gracioso, convertido por Tamayo en actor cómico (que en mala hora aspira a ser trágico), dio el primer título a la obra que venimos analizando: *Yorick*. Era el reconocimiento taxativo de su preeminencia en la obra.

Shakespeare

Es el único personaje histórico en *Un drama nuevo*. Buen atrevimiento era sacar a las tablas al primer dramaturgo mundial. Pero Tamayo salió bastante airoso de la empresa. Su Shakespeare aparece lleno de nobleza de alma, dignidad y autoridad moral. Todos los actores de la compañía que dirige le quieren y respetan.

Patricio de la Escosura y Ventura de la Vega, en sendas adaptaciones del francés, presentaron también a Shakespeare en la escena española del siglo XIX, aunque sin la gravedad ni la verosimilitud psicológica con que lo hizo Tamayo.

Bien es verdad que éste sentía veneración por el dramaturgo inglés de la era isabelina, como lo expresó con ampulosa retórica en su discurso académico:

> Recordad el mundo animado en la esfera del arte por el numen de Shakespeare. Allí la inagotable variedad de la Naturaleza, distinguiéndose cada personaje entre los demás por una fisonomía propia; allí el ser humano sin enmiendas ni mutilaciones, causando al par lástima y admiración; allí los más ocultos móviles de la voluntad, las más impenetrables operaciones de la conciencia, los más hondos abismos de la mente y el corazón; allí Lady Macbeth, Julieta, Desdémona, Shylock, Ricardo III, Macbeth, Otelo, Romeo, Hamlet, Lear, haciendo creer que un alma verdadera los vivifica; allí la humanidad retratada al vivo bajo todas sus fases, en su actitud más imponente y expresiva; y ésta es la causa de que el nombre de Shakespeare llene los ámbitos de la tierra.

La huella de Shakespeare en el teatro de Tamayo se advierte en *Locura de amor* y en *Un drama nuevo;* «en general, esta tragedia refleja el espíritu shakesperiano en los conceptos y aquélla en la acción», como advierte Alfonso Par. En efecto: muchas reflexiones de la última, sobrias y rotundas, acerca de los envidiosos —la envidia es lepra del corazón—, la hipocresía y la culpa como hermanas gemelas, la duración del tiempo en la imaginación humana..., están en el aire y la ideología del genial trágico inglés.

Los enamorados

Alicia y Edmundo, encadenados fatalmente a un amor culpable, que han querido borrar en vano, aparecen a nuestros ojos más dignos de lástima que de castigo. No les mueve la sensualidad. Quieren poner remedio a la culpa incipiente acogiéndose a la protección de Shakespeare; intentan escapar cuando no ven otra salida, y solamente por evitar la venganza de Yorick, a quien profesan gratitud inmensa.

Walton

La única figura de alma retorcida es la de Walton. Personifica la envidia y el resentimiento. Pero no es un traidor vulgar de melodrama; tiene cierta arrogancia que nos recuerda a Yago en el *Otelo* de Shakespeare. Su redomada perfidia en el presente drama pretende explicarse como la consecuencia del poso amargo depositado en su espíritu por la infamia de que fue víctima en su juventud.

Tamayo y Baus, que conocía tan íntimamente la vida del teatro, supo realizar un prodigio escénico fundiendo teatro y vida. No escasean las fuentes: en la *Spanish tragedy,* de Tomás Kyd, un actor se venga de otro en plena representación; en *Lo fingido verdadero,* de Lope de Vega, y su derivación el *Saint-Genest,* de Rotrou, aparecen dos actores secretamente enamorados —Marcela y Octavio— y los celos de otro —Ginés—, con alguna otra circunstancia común; pero es original de Tamayo la pureza de Alicia y Edmundo, lo que hace más intensa la tragedia.

La representación de una obra teatral dentro de otra, con asunto análogo, se da en el *Hamlet* de Shakespeare; mediante este procedimiento, la primera ficción adquiere visos de realidad en contraste con la segunda.

Cervantes utilizó el recurso del teatro en el teatro para su comedia *Pedro de Urdemalas.* Y *Don Quijote* (2.ª parte, capítulo XII) discurre sobre la idea estoica del mundo como teatro y la vida humana como representación. Idea que desenvolvió Calderón con altura teológica en el conocido auto sacramental. Pero en el caso de Tamayo hay que descender de los simbolismos trascendentales. Si en *El gran Teatro del Mundo,* de la escena clásica calderoniana, resultaba que la vida humana era teatro, ahora nos encontramos con que el teatro es vida, en simbiosis estremecedora. En medio se mueven el autor, el traspunte e incluso el apuntador: es el teatro al desnudo, el teatro por dentro.

Un paso más y, en la escena del siglo XX, Pirandello nos llevará a la independización total de los personajes respecto del autor *(Sei personaggi in cerca d'autore).* Cervantes en el *Quijote* y Unamuno en *Niebla* se le habían adelantado en el mundo de la creación novelesca.

El recurso del teatro dentro del teatro retorna —con distinto propósito y variados logros— en *La cacatúa ver-*

de, de Schnitzler; en la *Comedia del arte,* de Azorín
—con una «clara reminiscencia del drama del 67», según
Valbuena—, en obras de Jacinto Grau y Alejandro Ca-
sona... Es un motivo de vasta y creciente resonancia en
el teatro universal.

Técnica

La construcción de *Un drama nuevo* es perfecta en la
ordenación de todos sus elementos. El interés del espectador va creciendo ante una acción sabiamente dispuesta.

Desde la primera escena se plantea la motivación, que
va dosificándose con habilidad hasta el final, muy efectista, del primer acto, presagio de la tormenta que va a
estallar.

Durante el segundo acto se ponen en tensión las pasiones de los personajes —celos, amor, envidia—, se va
apretando el nudo de la acción, y en su escena final aumenta la violencia mal reprimida.

Por último, las dos partes del acto tercero, como an-
verso y reverso —vida, teatro— de una misma realidad
conducen a la perplejidad trágica de un desenlace san-
griento (¿verdadero?, ¿fingido?).

Ambigüedad

Esta ambigüedad, bien analizada por L. G. Crocker,
forma como el nervio de la obra. Duplicidad ambigua
que se da ya en el título: el drama nuevo que se va a
estrenar ante un público imaginario y el que se desenvuelve ante nosotros, con fuerza de realidad, en contraste
con aquél.

La ambigüedad empieza a jugar en el lenguaje de ma-
tización filosófica empleado por Shakespeare en la escena
primera (la envidia de los bienes ajenos), o en la ingenuidad de Yorick cuando comenta la actuación de
Alicia y Edmundo en *Romeo y Julieta:* «¡Vamos, aque-

llo es la misma verdad!» o cuando exclama ante Edmundo: «Ningún otro papel me cuadraría menos que el
de marido celoso»; su pregunta al receloso ahijado —«¿No
sabes?»—, con que termina la escena segunda del primer acto, es un hallazgo en este camino. La interpreta-
ción equívoca por Alicia o Edmundo de muchas expresiones naturales de Yorick o las reticencias de Walton
están en la misma línea.

La segunda parte del tercer acto sería la fusión de las
ambigüedades en una realidad única, pero las frases de
Shakespeare la cortan: no puede terminarse el drama...
Mejor dicho: ha terminado uno, por necesidad; sigue el
drama vital de Yorick. Pero ¿quedaba algo del otro?
¿Dónde está la realidad?

Este cruce persistente de ficción y vida, más el equi-
librio de literatura y eficacia escénica, constituyen el má-
ximo acierto de Tamayo y Baus.

Cambio de cartas

El artificio de sustitución de las cartas —el papel en
blanco para el drama que se está representando, cambia-
do por la carta auténtica de Edmundo— desencadena la
catástrofe.

Se trata de un hábil recurso, que más tarde había de
utilizar Pérez Galdós en su «episodio nacional» *La Corte de Carlos IV* (1873): Isidoro Máiquez actúa en el
Otelo y en la escena cumbre le entregan una carta real,
que le hace identificarse con el papel que representa, en
una explosión de celos nada fingidos. (Pero el final no
es la tragedia de Yorick.)

Se ha dicho que la fuente común de este cambio de
cartas es una anécdota personal ocurrida al propio actor
Isidoro Máiquez. También es probable que Galdós, im-
presionado por la representación de *Un drama nuevo*, re-
cordara este episodio en su novela histórica, según ha
puntualizado P. Rogers.

Lenguaje y estilo

En general, la prosa del *Drama* es clara, correcta, sobria. No faltan en ella expresiones populares, modismos y locuciones del habla familiar: 'mejorando lo presente', 'entre todos y salga el que pueda', 'a un gustazo un trancazo', 'dar en la cabeza', 'mandar a paseo', 'metérsele a uno algo entre ceja y ceja', 'caerse del burro', 'de mentirijillas', 'pelillos a la mar', 'tener el corazón en un puño', 'tragar saliva', 'hablar por los codos', 'no saber dónde se tiene la cabeza'...

Ni los diminutivos dotados de gran afectividad: 'vinillo', 'defectillos', 'dificilillo', 'caballerito', 'enfermilla', 'pullitas', 'comiquito'...

O el discreto uso de *sinonimia* sabrosa: 'mimos', 'lagoterías', 'arrumacos'...

Todo ello muy castizo y propio de lenguaje escénico realista. Pero también se advierten arcaísmos léxicos —*diz, vos*— y de construcción, con verbos al final de la frase y demasiados pronombres enclíticos —'duélete', 'aguárdame', 'téngola', 'piérdese'— para dar cierto aire romántico de la época histórica en que se sitúa la acción.

El estilo grandilocuente y enfático de algunos parlamentos y monólogos contribuye al mismo efecto.

También se advierte desde el comienzo la abundancia de reflexiones morales y pensamientos elevados, vertidos en el recortado estilo sentencioso a que tan dado era el autor.

Versificación

La diferenciación entre prosa y verso es un factor más, en *Un drama nuevo,* para distinguir la realidad —diríamos prosa de la vida— de la ficción —poesía dramática en verso. Para distinguir el teatro —en verso— dentro del teatro —en prosa.

Desde que en el primer acto comienza Yorick a estudiar su papel trágico del conde Octavio empezamos a oír los versos del autor novel en un pareado de altisonantes endecasílabos:

> Tiemble la esposa infiel; tiemble la ingrata
> que el honor y la dicha me arrebata...

El acto segundo se desenvuelve todo en prosa bruñida, recia, adecuada.

Cuando va a terminar la primera parte del tercer acto afloran en labios del traspunte, entre bastidores, los versos de la representación que deben los actores pronunciar al salir a escena. A Yorick le apunta primero otro pareado, compuesto de heptasílabo y endecasílabo:

> El cielo al fin me ayuda,
> y hoy romperé la cárcel de la duda.

Luego es el mismo autor novel, alegre como un chiquillo, quien recita otros dos pareados que se supone ha declamado Yorick en escena con gran éxito:

> Con ansia el bien se espera que de lejos
> nos envía sus plácidos reflejos;
> mas no con ansia tanta
> cual daño que de lejos nos espanta.

Y, poco después, el traspunte dicta a Walton el primer verso que ha de pronunciar al salir a escena. Es un heptasílabo: «Vedme aquí, gran señor...»

Pero es en la segunda parte del tercer acto cuando la versificación se erige en expresión única de la obra, puesto que nos encontramos sumergidos en el teatro dentro del teatro: la ficción presta su lenguaje poético a la explosión real de las pasiones de los actores, que vivirán ahora en el teatro el funesto desenlace del conflicto de sus vidas.

Esta escena única tiene en conjunto un centenar de versos que forman una silva de rima perfecta o total, libremente distribuida, aunque abunden los pareados. Predominan los endecasílabos sobre los heptasílabos, cual corresponde a la gravedad del contenido. Resultan declamatorios y correctos en su rotundidez sonora, como de un principiante con gran facilidad de versificador. Como ejemplo de distribución de versos y rimas, fijémonos en el parlamento del conde (Yorick), que comienza: «¿Conque eres tú el villano...?» Comprende diecinueve versos, cuatro heptasílabos y quince endecasílabos, con el siguiente esquema de rimas, en que las letras mayúsculas y minúsculas corresponden, respectivamente, a los versos de once y de siete sílabas: a b B A C A C D e D E F G F G H I I h.

Cuando llega a manos de Yorick la carta fatal no puede reprimir unas exclamaciones —¡Eh! ¡Cómo! ¿Qué es esto?—, que interrumpen los versos para darnos la reacción emocional auténtica del actor; pero se une otra vez a ellos en «¡Jesús mil veces!» Terminan los versos con la súplica del moribundo Manfredo (Edmundo): «¡Perdón, Dios mío!»

Los gritos de Alicia, despavorida al ver la sangre auténtica, nos vuelven a la prosa entrecortada y gesticulante de una verdad sobrecogedora; bajo esa impresión imborrable cae el telón.

Estreno y éxito

Creemos de interés reproducir a continuación las impresiones de un testigo presencial de aquel memorable estreno. Para ello extractaremos lo que de él se nos cuenta en las memorias de Emilio Gutiérrez Gamero, *Mis primeros ochenta años:*

> ... Con tan escasos antecedentes, pero lleno de curiosidad, fui al teatro de la Zarzuela, que estaba de bote en bote. Escuché con atenta delectación aquella prosa limpia, sobria, tersa, aunque algo arcaica, que empieza en el primer acto y nunca decae, y ya a su final preví, como otros muchos, que aquello iba a concluir en tragedia, mas sin sospechar el imprevisto desenlace...

Y así llegamos al término del drama; y cuando Yorick lee la carta reveladora de su desgracia y se queda mudo de espanto, vacilante, tembloroso, y balbucea como por máquina aquellos admirables versos, y el apuntador, al verle suspenso, golpea con los papeles en el tablado, no una sola vez, creyendo en un repentino olvido, y le dice, ya en voz alta que oye todo el público, cuya extrañeza se refleja en ese murmullo que viene con mudos pasos y va en aumento: «¡Conque eres tú el villano!»; y al poco Beatriz toca a Edmundo y se llena las manos de sangre y grita: «¡Le ha matado, favor!», todos los espectadores cayeron en el lazo; y yo uno de ellos, como si acabara de llegar de Móstoles a beber el agua del santo y a deglutir las rosquillas de la tía Javiera. No tengo rubor en declararlo. Entonces sentí el escalofrío precursor de la verdadera emoción estética. Nunca una obra de arte ha hecho sentir como en *El drama nuevo* en mi espíritu la inenarrable confusión entre lo verdadero y lo falso.

¿Hace falta decir que el público se desbordó en delirantes aplausos? Verdad es que los actores lo merecían... Todos salieron a la escena a recibir el homenaje de cuantos tuvieron la dicha de ver el estreno de *Un drama nuevo* en la noche del 4 de mayo de 1867...

Traducido a varias lenguas, viajó triunfalmente por los escenarios de Europa y América; en un teatro neoyorquino de la Quinta Avenida fue presentado con el nombre de *Yorick* (1874), y después con el de *Yorick's love,* en dos versiones muy libres, aun coincidiendo casualmente con el primer título que pensó Tamayo.

De la mano del actor Novelli alcanzó un éxito resonante en París por las fechas en que agonizaba su autor en Madrid. Boris de Tannenberg pronunció con tal motivo una conferencia para dar a conocer al público de la capital francesa la significación del dramaturgo español.

En él pudo inspirarse la ópera *I pagliacci (Los Payasos),* libreto y música del italiano Ruggero Leoncavallo (1858-1919), estrenada con gran éxito en Milán el año 1892, dirigida por Arturo Toscanini.

Últimamente, la pantalla cinematográfica ha resucitado

Un drama nuevo, como ya hemos dicho, aunque no estimamos que una obra tan esencialmente teatral sea muy idónea para el llamado séptimo arte.

Crítica

Numerosos críticos la consideran como la creación más importante del teatro español del siglo xix.

En general, la crítica contemporánea y la posterior han ensalzado cumplidamente *Un drama nuevo,* aun señalando leves máculas; así, el anacronismo de llevar una mujer a la escena inglesa de comienzos del siglo xvii, pues los papeles femeninos estaban entonces a cargo de jovencitos imberbes; o la elevación del estilo en algunas escenas.

Manuel de la Revilla se distinguió en los juicios hiperbólicos; para él, una inspiración gigante palpita en *Un drama nuevo,* donde «las pasiones humanas vibran al unísono con las que Shakespeare pintara en sus obras inmortales, y la fuerza dramática, el efecto escénico, el terror trágico y la atrevida originalidad de las situaciones llegan a un punto altísimo de perfección; producción que hace palpitar todas las fibras del corazón humano, y que lo mismo arranca lágrimas de ternura y piedad que gritos de terror y espanto; producción, en suma, que basta no ya para glorificar a un hombre, sino para enorgullecer a un pueblo.»

La crítica, más exigente, de Leopoldo Alas tampoco pudo sustraerse a la potencia artística del drama de Tamayo. Basten para probarlo las siguientes líneas de *Solos* de *Clarín* (1891): «Bien puede asegurarse que pasarán siglos y, como no suceda a nuestros días alguna época de barbarie, *Un drama nuevo* seguirá siendo admirado como joya inapreciable del teatro español. En este drama hay fuerza y armonía: los dos elementos últimos de la belleza...» A *Clarín* esta obra le recordaba *El castigo sin venganza,* uno de los mejores dramas de Lope de Vega.

El vértice en esta trayectoria estimativa podemos verlo en la *Historia del teatro español,* de Ángel Valbuena **Prat**, que encuentra en este drama «truco y humanidad» enlazados con el más perfecto dominio. Lo califica a la vez de «romántico y prepirandeliano, shakespeariano y lopesco, y, aunque se ignore en el autor, calderoniano». Y concluye rotundamente: «*Un drama nuevo* es no solamente la obra maestra de Tamayo y de las primeras de nuestro siglo XIX, sino una de las adquisiciones *universales,* que valiera la pena de airearse más por todos los escenarios del mundo. A su lado palidecen las demás obras de Tamayo, incluso *Locura de amor.*»

El historiador Emilio González López elogia en Tamayo la maestría en el análisis psicológico y de las motivaciones en la conducta de los personajes. En cambio, el crítico César Barja le reprocha el ser demasiado artificioso y excesivamente técnico en este drama, tan medido y calculado, para el que habría que pedir «más libertad y menos arte». Con todo, «la obra es dramática e interesante; y lo sería más sin la violencia que lleva consigo el cambio de carácter del bufón Yorick, y sin la excesiva ingenuidad que el autor presta a la esposa infiel y a su amante, que cualquiera diría, se han enamorado sin enterarse. Más dramática sería también si el lenguaje y el estilo no fuesen tan rebuscados, tan literarios y tan rítmicos, tan de torneo jurídico y amatorio como en la escena VI del acto primero».

Muy positivo es el juicio crítico del historiador de la escena española Francisco Ruiz Ramón: «*Un drama nuevo,* pieza teatral importante en la historia del teatro español es, a la vez, el punto final de una trayectoria dramática, que había comenzado en el romanticismo, y el punto inicial precursor de un modo de entender el teatro cuyos frutos maduros aparecerían en los escenarios europeos del siglo XX.»

No comparten esa opinión los autores de la mencionada *Historia social de la Literatura española* (II, pág. 130), que consideran *Un drama nuevo* como obra «ambiciosa y compleja», pero no tan renovadora como a primera vista pudiera parecer. «Su consciente efectismo y su prosaísmo excesivo desmejoran de modo notorio una obra de estructura relativamente novedosa, pero de ideología harto conocida.»

En síntesis, consideramos esta obra como una felicísima derivación de nuestros dramas clásicos del honor, sabiamente renovada mediante el fértil recurso del teatro dentro del teatro. Recurso y vena, motor y energía, trama y adivinación.

La confusión de la vida con la poesía dramática, la borrosa frontera entre lo verdadero y lo fingido, lo real y lo irreal —ya en los límites de la escena, ya en el vasto escenario del mundo—, coadyuvan a darle un mágico incentivo de perdurable vigencia sobre el espíritu humano.

Nuestra edición

Nos hemos basado en el texto de las *Obras de don Manuel Tamayo y Baus* (1898-1900), publicadas a su muerte bajo el atento cuidado de don Mariano Catalina y con prólogo de don Alejandro Pidal y Mon, que pasa por ser la edición más autorizada. La reproducimos con toda fidelidad pero hemos actualizado la ortografía, por estimarlo de rigor en una obra contemporánea, sin incidencias en la pronunciación. Empezamos por regularizar la grafía del personaje *Shakespeare,* según la norma común de la literatura inglesa. También hemos consultado otras ediciones que se mencionan en la siguiente bibliografía.

Bibliografía

Para los estudiosos, a quienes interese ampliar su visión del tema, ofrecemos a continuación una bibliografía seleccionada y con escuetos comentarios.

1. EDICIONES

Autores dramáticos contemporáneos y joyas del teatro español del siglo XIX. (Contiene el retrato, biografía, juicio crítico y la obra más selecta de cada uno de los mejores autores del teatro moderno.) Madrid, Imprenta Fortanet, 1882. (En el tomo II, págs. 461-486, puede verse un extenso estudio acerca del teatro de Tamayo por Isidoro Fernández Flórez, del que hemos aprovechado algunas sugerencias. Seguidamente, en las páginas 487-533, aparece el texto de *Un drama nuevo* con ligeros retoques de la versión más autorizada.)

Obras de don Manuel Tamayo y Baus... Prólogo de don Alejandro Pidal y Mon. Madrid, Tip. Sucesores de Rivadeneyra, 1898-1900, cuatro volúmenes. (En el IV, págs. 165-285, *Un drama nuevo.*) Posteriormente, han sido reimpresas en un solo volumen, de 1.164 páginas, por Ediciones Fax, Madrid, 1947.

Un drama nuevo. Drama en tres actos... Edited with an introduction, notes and vocabulary by John D. Fitz-

Gerald... and John M. Hill... With original drawings by Ángel Cabrera Latorre. Chicago-New York-Boston, Benj. H. Sandorn & Co., 1924, xxxix + 257 páginas. (Es interesante la introducción de Fitz-Gerald y valiosas las notas de Hill, en parte inspiradoras de las nuestras.)

Das neue Drama. Drama in drei Aufzügen. Nach dem Spanischen von Manuel Tamayo y Baus frei übersetzt von Otto Goldschmidt, Berlín, R. Boll, 1887, 90 S. (págs.) Traducción alemana bastante libre.

A new drama (Un drama nuevo). A tragedy in three acts, from the spanish... Translated by John Driscoll Fitz Gerald and Tacher Howland Guild, with an introduction by J. D. F.-G, Nueva York, Publications of the Hispanic Society of America, núm. 90, 1915, xxv + 152 páginas.

Discursos leídos en las recepciones públicas que ha celebrado desde 1847 la Real Academia Española, Madrid, Imprenta Nacional, 1860, tomo II, págs. 255-290: *De la verdad considerada como fuente de belleza en la literatura dramática,* por don Manuel Tamayo y Baus.

2. ESTUDIOS

Ante todo, debemos señalar algunos manuales o tratados generales con enfoques estimables en torno a la obra de nuestro dramaturgo:

BALBUENA PRAT, Ángel, *El teatro moderno en España,* Barcelona, 1944. Vid. «Tamayo», págs. 106-112.

— *Historia del teatro español,* Barcelona, Noguer, 1956. Vid. «El teatro en el teatro y la poesía del drama», páginas 527-539.

BARJA, César, *Libros y autores modernos. Siglos XVIII y XIX,* Nueva York, Las Américas Publishing Co., 1964 (2.ª edición, revisada y completada). Vid. *El dra-*

ma de transición, Manuel Tamayo y Baus, páginas 220-229.

GONZÁLEZ LÓPEZ, Emilio, *Historia de la literatura española. La Edad Moderna (siglos XVIII-XIX),* Nueva York, Las Americas Publishing Company, 1965. Véase «El drama psicológico de Tamayo y Baus», páginas 544-548.

RUIZ RAMÓN, Francisco, *Historia del teatro español. (Desde los orígenes hasta 1900),* Madrid, Alianza Editorial, 1967. Vid. «Los dos dramaturgos de la alta comedia» (López de Ayala y Tamayo), págs. 449-454.

BLANCO AGUINAGA, Carlos; RODRÍGUEZ PUÉRTOLAS, Julio, y ZABALA, Iris M., *Historia social de la Literatura española (en lengua castellana),* Madrid, Castalia, 1978, 3 vols. Vid. tomo II, págs. 129 y siguientes, IV 2A. *Positivismo e idealismo: teatro «realista», neorromanticismo y poesía burguesa.*

Como estudios particulares acerca de Tamayo y su teatro pueden consultarse los siguientes:

OYUELA, Calixto, «Manuel Tamayo y Baus», en *España. Versos y prosa,* Buenos Aires, 1898, págs. 59-139.

TANNENBERG, Boris de, *Un dramaturge espagnol. M. Tamayo y Baus,* París, Perrin et Cie., 1898.

COTARELO Y MORI, Emilio, «Don Manuel Tamayo y Baus. (Necrología)», en *Estudios de historia literaria de España,* I, Madrid, 1901, págs. 363-403.

SICARS Y SALVADÓ, Narciso, *Don Manuel Tamayo y Baus. Estudio crítico-biográfico,* Barcelona, 1906. (Es el libro más extenso acerca del autor de *Un drama nuevo.)*

TAYLER, Neale H., *Las fuentes del teatro de Tamayo y Baus. Originalidad e influencias,* Madrid, Gráficas Uguina, 1959, 211 págs. (Estudia las huellas del teatro alemán, del francés y del inglés, así como del drama clásico español, en la obra de Tamayo y Baus, destacando la potente genialidad de sus creaciones escénicas.)

En torno al punto concreto del influjo shakesperiano en nuestras letras, véase:

Juliá Martínez, Eduardo, *Shakespeare en España*. Traducciones, imitaciones e influencia de las obras de Shakespeare en la literatura española, Madrid, 1918.

Par, Alfonso, *Shakespeare en la literatura española*, Madrid-Barcelona, 1935, dos vols.

Sobre aspectos interesantes de la obra de Tamayo se han publicado estudios en revistas norteamericanas que conviene tener en cuenta. Destacaremos:

House, Roy Temple, «Lope de Vega and *Un drama nuevo*», *The romanic review*, XIII, 1922, págs. 84-87.

Tayler, Neale H., «Manuel Tamayo y Baus; some early romantic influences», *Hispania*, XXXV, 1952, páginas 396-398.

Rogers, Paul Patrick, «Galdós and Tamayo's letter-substitution device», *The romanic review*, XLV, 1954, páginas 115-120.

Crocker, Lester G., «Techniques of ambiguity in *Un drama nuevo*», *Hispania*, XXXIX, 1956; páginas 412-418.

Mazzeo, Guido E., «Yorick's covert motives in *Un drama nuevo*, *Modern language notes*, vol. 83, 1968, páginas 275-278.

En España dedicó sus afanes al estudio del epistolario, la vida y creaciones del dramaturgo, el laborioso y malogrado investigador Ramón Esquer Torres († 1969). Fruto de sus trabajos fueron una serie notable de estudios publicados en revistas científicas, de los que citaremos los seis utilizados para nuestra edición:

«Valoración técnica del teatro de Tamayo y Baus», *Revista de Literatura*, Madrid, 1955, págs. 99-133.

«Para un epistolario Tamayo y Baus-Asenjo Barbieri», *Boletín de la Real Academia Española*, XLII, 1962, páginas 121-143.

«Tamayo y Baus y la Real Academia Española», *Boletín de la R. A. E.*, XLII, 1962, págs. 299-335.

«Tamayo y Baus: sus proyectos literarios inacabados», *Boletín de la Real Academia Española,* XLIII, 1963, páginas 151-164.

«Tamayo y Baus y la política del siglo xix», *Segismundo,* Revista Hispánica de Teatro, núm. 1, 1965, páginas 71-91, Madrid, C. S. I. C.

«Un aspecto desconocido de Tamayo y Baus: su obra lírica», Castellón de la Plana, Sociedad Castellonense de Cultura, 1968, vol. XIII de la serie *Letras Castellanas,* 82 págs.

Del mismo investigador es un volumen completo sobre el arte dramático de nuestro autor: *El teatro de Tamayo y Baus,* Madrid, Inst. Miguel de Cervantes, del Consejo Superior de Investigaciones Científicas, 1965, anejo 22 de la *Revista de Literatura,* 296 págs. + 5 láms.

Posteriormente se ha publicado en inglés una estimable monografía de conjunto:

FLYNN, Gerard, *Manuel Tamayo y Baus,* Nueva York, Twayne Publishers Inc., 1973, 158 págs. (Contiene una excelente *Bibliografía Selecta,* ampliamente comentada, págs. 143-154.)

Un drama nuevo

UN DRAMA NUEVO

INGLATERRA, 1605

Drama en tres actos

Al señor D. VICTORINO TAMAYO
Y BAUS, *por quien el público de*
Madrid es amigo de Yorick.

JOAQUÍN ESTÉBANEZ

REPARTO

en el estreno de la obra representada en el
teatro de la Zarzuela el 4 de mayo de 1867

YORICK	Don Victorino Tamayo y Baus
ALICIA	Doña Teodora Lamadrid
EDMUNDO	Don Ricardo Morales
WALTON	« Francisco Oltra
SHAKESPEARE	« Juan Casañer
EL AUTOR	« Emilio Mario
EL TRASPUNTE	« José Alisedo
EL APUNTADOR	« N. N.

ACTO PRIMERO

Habitación en casa de Yorick; a la derecha, una mesa
pequeña; a la izquierda, un escaño; puertas laterales
y otra en el foro

ESCENA PRIMERA

YORICK y SHAKESPEARE

(Entran ambos por la puerta del foro; SHAKESPEARE
trae un manuscrito en la mano.)

SHAKESPEARE.—Y, sepamos, ¿a qué es traerme ahora
a tu casa?

YORICK.—¿Duélete quizá de entrar en ella?

SHAKESPEARE. — Pregunta excusada, que bien sabes
que no.

YORICK.—Pues ¿qué prisa tienes?

SHAKESPEARE.—Aguárdanme en casa muchos altísimos
personajes, que por el solo gusto de verme vienen desde el otro a este mundo.

YORICK.—Sabré yo desenojar a tus huéspedes con unas
cuantas botellas de vino de España, que hoy mismo

he de enviarles. Diz que[1] este vinillo resucita a los muertos[2], y sería de ver que los monarcas de Ingla-

---

[1] *Diz,* forma arcaica del verbo *decir.* La *Gramática castellana* de Bello-Cuervo advierte en la nota 79: «En el lenguaje familiar se usa *diz* por *dicen,* en la combinación *diz que:* "El placer comunicado / *diz que* se hace mayor" (Cristóbal de Castillejo, *Diálogo de las condiciones de las mujeres).»* En el *Esbozo de una nueva Gramática de la Lengua Española,* de la Real Academia Española (Madrid, Espasa-Calpe, 1973, pág. 299) leemos: «Es supervivencia del español antiguo la fórmula *diz que...,* hoy dialectal o rústica, muy extendida en los territorios americanos de habla española: *Un cura diz que taba queriendo mucho onde una niña* (Ciro Alegría, *Los perros hambrientos,* I).»

«*Diz* puede ser resultado de la forma pasiva latina empleada sin sujeto, *dicitur* (= *se dice*), y más probablemente de la activa *dicit* = *dice),* empleada ya en latín con valor indefinido lo mismo que *inquit.*»

[2] El aprecio del vino de España en la Inglaterra isabelina está ampliamente documentado. Gracián nos hace observar que todos buscan a España «y chupan lo mejor que tiene: *sus generosos vinos Inglaterra,* sus finas lanas Holanda, su vidrio Venecia, su azafrán Alemania, sus sedas Nápoles...» *(El Criticón,* 2.ª parte, crisi III).

En las obras de Shakespeare, concretamente, no escasean las menciones elogiosas de los vinos de Canarias y el de Jerez *(sherris-sack,* hoy *sherry* o *sack,* simplemente). En el prólogo, o *Induction* (sc. II), de *The taming of the shrew (La doma de la bravía* o *La fierecilla domada)* se contrapone la *cerveza* vulgar, como bebida de la gente humilde, al aristocrático *jerez.* También se le cita en *Las alegres comadres de Windsor.*

Pero es en el drama *Enrique IV* donde encontramos, entre bromas y veras, la mayor apología del vino de *Jerez,* en boca de Falstaff, un Sancho Panza británico: *A good sherris-sack hath a twofold operation in it... The second property of your «excellent» sherris is... If I had a thousand sons, the first principle I would teach them should be, -to forswear thin potations, and to addict themselves to sack. (Second Part of King Henry IV,* act. iv, sc. 3.)

Se trata de un engolado y entusiasta panegírico de buen humor, traducido por Astrana Marín en los siguientes términos:

«*Un buen jerez produce un doble efecto:* primero, se me sube al interior del cerebro, me seca allí todos los necios, torpes y malolientes vapores que lo envuelven; lo hace abierto, ágil, inventivo, pleno de concepciones ligeras, ardientes y deleitosas formas; todo lo cual, comunicado a la voz, la lengua, que le da expresión, produce excelentes ocurrencias. *La segunda propiedad de*

terra, congregados en tu aposento, resucitascn a la par y armaran contienda sobre cuál había de volver a sentarse en el trono. Pero ¿qué más resucitados que ya lo han sido por tu pluma? [3]

SHAKESPEARE.—En fin, ¿qué me quieres?

YORICK.—¿Qué he de querer sino ufanarme con la dicha de ver en mi casa y en mis brazos al poeta insigne, al gran Shakespeare, orgullo y pasmo de Inglaterra? *(Echándole los brazos al cuello.)*

SHAKESPEARE.—Con Dios se quede el nunca bien alabado cómico, el festivo Yorick, gloria y regocijo de la escena; que no es bien malgastar el tiempo en mimos y lagoterías.

---

vuestro excelente jerez es la de calentar la sangre, que estando antes fría y calmosa dejaba al hígado blanco y pálido, lo que es signo de pusilanimidad y cobardía; pero el vino de Jerez la calienta y la hace correr del centro a las partes extremas. Ilumina el rostro, que, como un faro, ordena armarse a todo el resto de este pequeño reino, el hombre; y entonces toda la burguesía de los espíritus vitales y los pequeños espíritus interiores se reúnen alrededor de su capitán, el corazón, quien potente y ufano de su ejército, realiza cualquier acto que sea de valor; y este valor viene del jerez. De aquí se sigue que la destreza en las armas no es nada sin el vino de Jerez; porque es él quien la pone en acción, y el saber no es más que un simple montón de oro guardado por un diablo, hasta que el jerez se apodera de él y le da vida y empleo. De ahí viene que el príncipe Enrique sea valiente; porque esa sangre fría que ha heredado, naturalmente, de su padre, la tiene, como se hace con una tierra floja, estéril y yerma, laborada, cultivada y sembrada por el excelente tabajo del buen beber y por el buen abono del fértil Jerez. De suerte que ha llegado a ser muy ardoroso y muy valiente. *Si mil hijos tuviera, el primer principio humano que les enseñaría sería abjurar de toda bebida insípida y dedicarse al jerez (Obras Completas* de Shakespeare, traducidas por L. Astrana Marín, Barcelona, Ed. Vergara, 1960, tomo 2.º, pág. 424).

[3] Los monarcas de Inglaterra «resucitados» por la pluma de Shakespeare en sus famosos dramas históricos, representados antes de 1605, son los siguientes: *Enrique IV, Ricardo III, Ricardo II* y *Enrique V.*

YORICK.—¡Si no te has de ir! [4]

SHAKESPEARE.—Entonces —¿qué remedio?— me quedaré.

YORICK.—Siéntate.

SHAKESPEARE.—Hecho está; mira si mandas otra cosa. *(Siéntase cerca de la mesa y deja en ella el manuscrito.)*

YORICK.—Francamente, ¿qué te ha parecido ese drama que acabamos de oír? *(Siéntase al otro lado de la mesa y, mientras habla, hojea el manuscrito.)*

SHAKESPEARE.—A fe que me ha contentado mucho.

YORICK.—¿Y es la primera obra de ese mozo?

SHAKESPEARE.—La primera es.

YORICK.—Téngola yo también por cosa excelente, aunque algunos defectillos le noto.

SHAKESPEARE.—Los envidiosos contarán los defectos; miremos nosotros únicamente las bellezas.

YORICK.—A ti sí que nunca te escoció la envidia en el pecho. Cierto que cuando nada se tiene que envidiar...

SHAKESPEARE.—Temoso [5] estás hoy con tus alabanzas; y en eso que dices te equivocas. Nunca faltará qué envidiar al que sea envidioso. Pone la envidia delante de los ojos antiparras maravillosas, con las cuales a un tiempo lo ve uno todo feo y pequeño en sí, y en los demás, todo grande y hermoso. Así, advertirás que los míseros que llevan tales antiparras no sólo envidian a quien vale más, sino también a quien vale menos, y juntamente los bienes y los males. No hallando cierto envidioso nada que envidiar en un vecino suyo muy desastrado, fue y ¿qué hizo?: envidiarle lo único que el infeliz tenía para llamar la atención, y era una gran joroba que le abrumaba las espaldas.

YORICK.—Algo debería yo saber en materia de envidias, que buen plantío de ellas es un teatro. ¿Viste jamás

---

[4] *si,* al comienzo de exclamación, tiene valor de refuerzo, propio del lenguaje usual.

[5] *temoso,* 'obstinado', 'tenaz', *temático* en el sentido de obsesionado con su *tema.*

cuadrilla de mayores bribones que una de come-
diantes?

SHAKESPEARE.—Mejorando lo presente, has de añadir.

YORICK.—Entren todos y salga el que pueda. ¡Qué murmurar unos de otros! ¡Qué ambicionar éstos y aqué-
llos antes el ajeno daño que la propia satisfacción!
¡Qué juzgarse cada cual único y solo en el imperio
de la escena!

SHAKESPEARE.—Engendra ruindades la emulación; mas
por ellas vence el hombre imposibles. Déjala revolcar-
se en el fango, que alguna vez se levantará hasta las
nubes.

YORICK.—Dígote que hiciste muy bien en deponer el
cetro de actor, quedándote nada más con el de poeta[6].

SHAKESPEARE.—Hemos de convenir, sin embargo, en
que la regla que has establecido no deja de tener ex-
cepciones.

YORICK.—Tiénelas, a no dudar; y mi mujer y Edmundo
lo prueban. Bendito Dios, que me ha concedido la
ventura de ver recompensadas en vida mis buenas acciones. Porque fui generoso y caritativo logré en Alicia una esposa angelical, y en Edmundo, un amigo
—¿qué amigo?—, un hijo, lleno de nobles cualidades. ¡Y qué talento el de uno y otra! ¡Cómo repre-
sentan lo dos el Romeo y Julieta! Divinos son estos
dos héroes, a que dio ser tu fantasía[7], más divinos aún
cuando Alicia y Edmundo les prestan humana forma
y alma verdadera! ¡Qué ademanes, qué miradas, qué

_____

[6] Shakespeare, en efecto, formó parte como actor de la compañía dirigida por Burbadge, que pertenecía al conde de Leices-
ter; los actores que la constituían tomaron en 1589 el título de
«cómicos de la Reina». Shakespeare dejó de representar como actor a la muerte de la reina Isabel, en 1603.

[7] _Romeo y Julieta,_ inspirada en una novelita de Mateo Ban-
dello, es una de las tragedias más famosas de Shakespeare, de
intenso perfume romántico. Fue publicada por vez primera en 1597,
pero la fecha de composición es anterior en algunos años, ya que
pertenece al primer periodo del teatro shakesperiano (1591-1594),
juntamente con _Los dos hidalgos de Verona_ y la _Comedia de las
equivocaciones._

modo de expresar el amor! Vamos, aquello es la misma verdad.

SHAKESPEARE.—(Desdichado Yorick[8].) ¿Puedo ya retirarme?

YORICK.—Pero si antes quisiera yo decir una cosa al director de mi teatro, al laureado vate, al...

SHAKESPEARE.—Por San Jorge[9] que ya tantos arrumacos me empalagan y que anduve torpe en no adivinar que algo quieres pedirme y tratas de pagarme por adelantado el favor.

YORICK.—Cierto es que un favor deseo pedirte.

SHAKESPEARE.—Di cuál.

YORICK.—Eso quiero yo hacer; pero no sé cómo.

SHAKESPEARE.—¡Eh! Habla sin rodeos.

YORICK.—Manifiéstame con toda lisura tu opinión acerca de mi mérito de comediante.

SHAKESPEARE.—¡Pues a fe que la ignoras! No hay para tristes y aburridos medicina tan eficaz como tu presencia en las tablas.

YORICK.—¿Y crees que sirvo únicamente para hacer reír?

SHAKESPEARE.—Creo que basta con eso para tu gloria.

YORICK.—¿Cuándo se representará este drama?

SHAKESPEARE.—Sin tardanza ninguna.

YORICK.—¿Y a quién piensas dar el papel de Conde Octavio?

SHAKESPEARE.—Gran papel es y trágico por excelencia. A Walton se le[10] daré, que en este género sobresale.

---

[8] *¡Desdichado Yorick!:* eco del *¡pobre Yorick!* de *Hamlet,* nos previene que Shakespeare ya está enterado del platónico amor que se profesan Alicia y Edmundo.

[9] San Jorge, caballero principal de Capadocia, fue soldado de Roma y sufrió martirio por orden del emperador Diocleciano en el año 303. Es el patrón de Inglaterra, desde los tiempos del rey Eduardo III. La Orden británica de Caballería de San Jorge es importante en la historia. La Iglesia celebra la festividad de San Jorge el día 23 de abril.

[10] *Se le daré* por «se lo daré». Leísmo. Vid. Juan Alcina Franch y José Manuel Blecua, *Gramática Española,* 4. 1. 3 (Barcelona, Ariel, 1975).

YORICK.—¡Pues ya me [11] lo sabía yo! Un papel bueno, ¿para quién había de ser sino para Walton? ¡Qué dicha tienen los bribones!

SHAKESPEARE.—Piérdese el fruto, si cuando empieza a sazonar una escarcha le hiela; piérdese el corazón, si cuando está abriéndose a la vida le hiela el desengaño. Walton fue muy desdichado en su juventud; merece disculpa. Adiós, por tercera y última vez. (*Levantándose.*)

YORICK.—Si aún no he dicho... (*Levantándose también.*)

SHAKESPEARE.—Pues di y acaba.

YORICK.—¡Allá voy! Quisiera... Pero luego no has de burlarte ni...

SHAKESPEARE.—Por Dios vivo, que hables, y más no me apures la paciencia.

YORICK.—Quisiera...

SHAKESPEARE.—¿Qué? Dilo, o desaparezco por tramoya [12].

YORICK.—Quisiera hacer ese papel.

SHAKESPEARE.—¿Qué papel?

YORICK.—El del drama nuevo.

SHAKESPEARE.—Pero ¿cuál?

YORICK.—¿Cuál sino el Conde Octavio?

SHAKESPEARE.—¿El de marido?

YORICK.—Ése.

SHAKESPEARE.—¿Tú?

YORICK.—Yo.

SHAKESPEARE.—¡Jesús! Ponte en cura, Yorick, que estás enfermo de peligro.

YORICK.—No de otro modo discurren los necios. Necio yo si conociendo sólo tus obras trágicas, te hubiese tenido por incapaz de hacer comedias amenas y festivas [13]. Porque hasta hoy no interpreté más que burlas

---

[11] *¡pues ya me lo sabía yo!*, exclamación irónica, donde encontramos el dativo ético *me,* de gran valor afectivo.

[12] *desaparezco por tramoya,* 'en el acto, como por arte de magia'. Expresión peculiar de persona dedicada al teatro, donde la *tramoya* es la máquina de las mutaciones y efectos maravillosos.

[13] Entre las «comedias amenas y festivas» de Shakespeare, baste

y fiestas, ¿se me ha de condenar a no salir jamás del camino trillado?

SHAKESPEARE.—Y ¿a qué dejarle por la cumbre desconocida? Quisiste hasta hoy hacer reír, y riose el público. ¡Ay si un día te propones hacerle llorar, y el público da también en reírse!

YORICK.—¡Ingrato! Negar tan sencillo favor a quien fue siempre tu amigo más leal; ¡a quien siempre te quiso como a las niñas de sus ojos! Pues corriente; haga otro el papel de Conde; pero ni ya somos amigos, ni el año que viene estaré en la compañía de tu teatro. Y conmigo me llevaré a mi Alicia..., y a Edmundo igualmente. Veremos cuál de ambos pierde más... *(Muy conmovido.)*

SHAKESPEARE.—¡Qué enhilamiento de palabras!

YORICK.—No; no creas que ahora encajaría bien aquello de «Palabras, palabras, palabras», que dice Hamlet [14].

SHAKESPEARE.—¡Esto de que en el mundo no ha de estar nadie contento con su suerte! [15]

YORICK.—Sí, que es divertido el oficio de divertir a los demás [16].

SHAKESPEARE.—¿Hablas formalmente? ¿Capaz serías de abandonarme?

YORICK.—¡Abandonarte! ¿Eso he dicho y tú no lo crees? *(Llorando.)* Vaya, hombre, vaya, del mal el menos. No faltaba más sino que, desconfiando de mi talento, desconfiases también de mi corazón. No, no te abandonaré.

---

citar *Mucho ruido y pocas nueces, Como gustéis, La fierecilla domada* y *Las alegres comadres de Windsor.*

[14] Cita de la celebrada expresión del Príncipe de Dinamarca, en la famosa obra de Shakespeare: «Words, words words» *(Hamlet,* acto II, escena 2.ª).

[15] «Nadie en el mundo está contento de su suerte», pensamiento convertido hoy en tópico, que ya se encuentra en las *Sátiras* de Horacio, según anota John M. Hill: «Qui fit, Maecenas, ut nemo quam sibi sortem / seu ratio dederit seu fors obiecerit illa / contentus vivat, laudet diversa sequentis?» *(Sat.,* libro I, 1.ª, vs. 1-3.) «¿Cómo es. Mecenas, que nadie vive contento con la suerte que le dio su propia elección o le ofreció la fortuna, y alaba a los que siguen estados diferentes?» *(Traducción de Lorenzo Riber.)*

[16] Nótese la amarga ironía de la frase.

Yorick podrá no saber fingir que siente, pero saber sentir... Tú le ofendes..., le humillas..., y él..., míralo..., te alarga los brazos.

SHAKESPEARE.— ¡Vive Cristo! ¿Lloras?

YORICK.—Lloro porque el infierno se empeña en que yo no cumpla mi gusto; porque no es sólo Walton quien me tiene por grosero bufón, capaz únicamente de hacer prorrumpir a los necios en estúpidas carcajadas; porque veo que también tú... Y eso es lo que más me duele. Que tú... ¡Válgame Dios, qué desgracia la mía!

SHAKESPEARE.—¡Eh, llévete el diablo! ¿El papel de marido quieres? Pues tuyo es, y mal provecho te haga [17]

YORICK.—¿De veras? ¿Lo dices de veras? *(Dejando de pronto de llorar, y con mucha alegría.)*

SHAKESPEARE.—Sí; sacia ese maldito empeño de que mil veces procuré en vano disuadirte. *(Andando por el escenario.* YORICK *le sigue.)*

YORICK.—¿Y si represento a maravilla el papel?

SHAKESPEARE.—¿Y si la noche del estreno a silbidos te matan?

YORICK.—A un gustazo, un trancazo.

SHAKESPEARE.—¡Y qué bueno le merecías!

YORICK.—Caramba, que en metiéndose algo entre ceja y ceja...

SHAKESPEARE.—No, que tú no eres porfiado [18].

YORICK.—Hombre, me alegraría de hacerlo bien, no más que por darte en la cabeza.

SHAKESPEARE.—Yo por excusar el darte en la tuya.

YORICK.—Anda a paseo.

SHAKESPEARE.—No apetezco otra cosa. *(Tomando el sombrero y dirigiéndose hacia el foro.)*

YORICK.—Es que me has de repasar el papel. *(Con tono de cómica amenaza, deteniéndole.)*

SHAKESPEARE.—Pues, ¿quién lo duda? *(Con soflama.)*

---

[17] Reversión del dicho corriente, *¡Buen provecho!*
[18] Doble negación irónica, empleada popularmente para reforzar la aserción.

YORICK.—Con empeño, con mucho empeño.

SHAKESPEARE.—¡Vaya! ¡Pues no que no! [19]

YORICK.—La verdad, Guillermo [20]: si en este papel logro que me aplaudan... *(Con formalidad.)*

SHAKESPEARE.—¿Qué?

YORICK.—Que será muy grande mi gozo.

SHAKESPEARE.—La verdad, Yorick, no más grande que el mío. *(Con sinceridad y ternura, dando la mano a* YORICK. *Éste se la estrecha conmovido y luego le abraza.* SHAKESPEARE *se va por el foro.)*

ESCENA II

YORICK

YORICK.—«Es tan fácil hacer reír», me decían Walton y otros camaradas anoche. Verán muy pronto que también sé yo hacer llorar, si hay para ello ocasión; lo verán y rabiarán, cuando, como antes alegría, infundiendo ahora lástima y terror en el público, logre sus vítores y aplausos. *(Toma de encima de la mesa el manuscrito.)* Hay, sin embargo, que andarse con tiento, porque el dichoso papel de Conde Octavio es dificilillo, y al más leve tropiezo pudiera uno caer y estrellarse.

Tiemble la esposa infiel; tiemble...

(Leyendo en el manuscrito.) Aquí entra lo bueno. Un señor Rodolfo o Pandolfo... Landolfo, Landolfo se llama. *(Encontrando este nombre en el manuscrito.)* Pí-

---

[19] *¡Pues no que no!,* enérgica aserción popular de forma antifrástica. Cfr. nota anterior.

[20] Aquí, por primera vez en el drama, Yorick se dirige a Shakespeare llamándole por su nombre de pila, Guillermo (William), en muestra de confianza. Más adelante lo hará con alguna frecuencia.

caro redomado, entrega al Conde una carta, por la cual se cerciora éste de que Manfredo, con quien hace veces de padre, es el amante de su mujer, la encantadora Beatriz. Recelaba él de todo bicho viviente, excepto de este caballerito; y cuando al fin cae de su burro, quédase el pobre —claro está— con tanta boca abierta, y como si el mundo se le viniese encima.

> Tiemble la esposa infiel; tiemble la ingrata
> que el honor y la dicha me arrebata.
> Fue vana tu cautela;
> y aquí la prenda de tu culpa mira.
> *(Abre la carta.)*
> La sangre se me hiela.
> *(Sin atreverse a mirar la carta.)*
> ¡Arda de nuevo en ira!
> ¡Ay del vil por quien ciega me envileces!
> ¡Oh! ¡Qué miro! ¡Jesús, Jesús mil veces!

Fija la vista en la carta, da un grito horrible y cae en un sitial, como herido del rayo. *(Desde «Tiemble la esposa infiel» hasta aquí, leyendo en el manuscrito: las acotaciones con distinta entonación que los versos.)* Ea, vámonos a ver qué tal me sale este grito. *(Toma una actitud afectadamente trágica dobla el manuscrito como para que haga veces de carta, y declama torpemente con ridícula entonación.)*

> ¡Ay del vil por quien ciega me envileces!...
> ¡Oh! ¡Qué miro!...

(Dando un grito muy desentonado.) No... Lo que es ahora, no lo hago muy bien. ¡Oh! *(Dando un grito peor que antes.)* Mal, muy mal; así grita uno cuando le dan un pisotón. ¡Oh! *(Gritando otra vez.)* Éste no es grito de persona, sino graznido de pajarraco. ¡Bah! Luego con el calor de la situación... A ver aquí...

¿Conque eres tú el villano?...
   (Muy flojo.)
¿Conque eres tú el villano?...
   (Muy fuerte.)
¿Conque eres tú el villano?...

Villano yo, insensato yo, que a mi edad me empeño en ir contra naturales inclinaciones y costumbres envejecidas. Y quizá no sea mía toda la culpa... Alguna tendrá acaso el autor... Suelen escribir los poetas unos desatinos...

   ¿Conque eres tú el villano?...

¿Cómo diablos se ha de decir esto bien? Pues si el anuncio de Guillermo se cumple, si me dan una silba... No lo quiero pensar. Me moriría de coraje y vergüenza. Allá veremos lo que pasa. ¡Fuera miedo! ¡Adelante! (*Pausa durante la cual lee en voz baja en el manuscrito, haciendo gestos y contorsiones.*) Ahora sí que me voy gustando. Lo que es en voz baja, suena muy bien todo lo que digo. ¡Si he de salirme con la mía!... ¡Si lo he de hacer a pedir de boca!... [21] ¡Ah! ¿Eres tú? Ven acá, Edmundo, ven. (*A* EDMUNDO, *que aparece en la puerta del foro.*) ¿No sabes?

ESCENA III

YORICK y EDMUNDO

EDMUNDO.—¿Qué? (*Como asustado.*)
YORICK.—Que en esta obra que estás viendo, tengo un excelente papel.
   (¡Tiemble la ingrata!)

---

[21] Vid. nota 4.

EDMUNDO.—Con el alma lo celebro, señor.

YORICK.—Tiempo ha [22] que, en vez de padre, me llamas señor, y en vano ha sido reprendértelo.

(¡Tiemble la esposa infiel!...)

¿He dado impensadamente motivo para que tan dulce nombre me niegues?

EDMUNDO.—Yo soy el indigno de pronunciarle.

YORICK.—¿A qué viene ahora eso? ¡Ay, Edmundo; me vas perdiendo el cariño!

EDMUNDO.—¿Qué os induce a creerlo?

YORICK.—Fueras menos reservado conmigo si cual antes me amaras [23]

EDMUNDO.—Y ¿en que soy yo reservado con vos? [24]

YORICK.—En no decirme la causa de tu tristeza.

EDMUNDO.—¿Yo triste?

YORICK.—Triste y lleno de inquietud. ¿Qué va a que estás enamorado?

EDMUNDO.—¿Enamorado? ¡Yo!... ¿Suponéis?

YORICK.—No parece sino que te he imputado un crimen. *(Sonriendo.)* ¡Ah! *(Con repentina seriedad.)* Crimen puede ser el amor. ¿Amas a una mujer casada? *(Asiéndole de una mano.)*

---

[22] *tiempo ha.* fórmula arcaica. sustituida normalmente por *hace tiempo. (Días ha,* en la escena 3.ª. acto II. *Ha tiempo* se dice más tarde, en esta misma escena.)

[23] Actualmente diríamos: «serías menos reservado conmigo si me quisieras como antes»; *cual.* «adverbio relativo de modo, equivalente a *como,* es poco usado, excepto en las comparaciones poéticas» (Bello, *Gramática...,* 405.)

[24] *vos,* forma arcaica del pronombre de segunda persona, sustituida hoy por *tú* y *usted,* aunque continúe en varios países de Hispanoamérica. Juan de Valdés, a propósito de la *-d* final en el plural de la segunda persona del imperativo, nos da el uso clásico de los pronombres personales de la segunda persona: «Póngola por dos respetos: el uno, por henchir más el vocablo; y el otro, porque haya diferencia entre el *toma* con el acento en la *o,* que es para cuando hablo con un muy inferior, a quien digo *tú;* y *tomá,* con el acento en la *a,* que es para cuando hablo con un casi igual, a quien digo *vos*» (*Diálogo de la lengua*). Vid. Arthur St. Clair SLOAN, *Pronouns of Adress in Don Quijote,* en «The Romanic Review» XIII, 1922, págs. 65-76.

EDMUNDO.—¡Oh! *(Inmutándose.)*

YORICK.—Te has puesto pálido... Tu mano tiembla...

EDMUNDO.—Sí... con efecto... Y es que me estáis mirando de un modo...

YORICK.—Enfermilla debe de andar nuestra conciencia, cuando una mirada nos asusta. Piénsalo bien: no causa a un hombre tanto daño quien le roba la hacienda, como quien le roba el honor; quien le hiere en el cuerpo, como quien le hiere en el alma[25]. Edmundo, no hagas eso... ¡Ay, hijo mío, no lo hagas, por Dios!

EDMUNDO.—Vuestro recelo no tiene fundamento ninguno. Os lo afirmo.

YORICK.—Te creo: no puedes tú engañarme. En esta comedia, sin ir más lejos, se pintan los grandes infortunios a que da origen la falta de una esposa; y mira: ni aun siendo de mentirijillas me divierte que Alicia tenga que hacer de esposa culpada, y tú, de aleve seductor.

EDMUNDO.—¿Sí? *(Procurando disimular.)*

YORICK.—¡Yo seré el esposo ultrajado! *(Con énfasis cómico.)*

EDMUNDO.—¡Vos! *(Dejándose llevar de su emoción.)*

YORICK.—Yo, sí... ¿Qué te sorprende? ¿Eres también tú de los que me juzgan incapaz de representar papeles serios?

EDMUNDO.—No, señor, no, sino que...

YORICK.—Cierto que habré de pelear con no pequeñas dificultades. Y ahora que en ello caigo: ningún otro papel menos que el del marido celoso me cuadraría, porque a estas fechas no sé yo todavía qué especie de animalitos son los celos. Obligado a trabajar continua-

---

[25] Pensamientos semejantes a los expresados por Shakespeare en su tragedia *Otelo,* según advierte Hill. Cfr., por ejemplo: «La fama en la mujer, como en el hombre, / es la joya, señor, de más valía. / Despojos roba quien mi bolsa roba; / es algo, es nada, porque siendo mía, / hoy es tuya, y esclava fue de miles. / Pero aquel que me roba mi buen nombre, / me roba lo que en nada le enriquece, / y pobre a mí me deja.» *(Otelo,* acto III, escena 3.ª, traducción de Guillermo Macpherson.)

mente desde la infancia, y enamorado después de la gloria, no más que en ella tuvo señora mi albedrío, hasta que, por caso peregrino y feliz, cuando blanqueaba ya mi cabeza, mostró que aún era joven mi pecho, rindiendo a la mujer culto de abrasadoras llamas. Y Alicia, bien lo sabes tú, ni me ha causado celos hasta ahora, ni me los ha de causar en toda la vida. No es posible desconfiar de tan hidalga criatura. ¿Verdad que no?

EDMUNDO.—No, señor; no es posible...

YORICK.—Fríamente lo has dicho. Oye, Edmundo. Hago mal en callarte lo que ha tiempo he notado.

EDMUNDO.—¿Algo habéis notado? ¿Qué ha sido?

YORICK.—Que Alicia no te debe el menor afecto; que tal vez la miras con aversión.

EDMUNDO.—¿Eso habéis notado?... ¡Qué idea!... (*Muy turbado.*)

YORICK.—Y el motivo no se oculta a mis ojos. Reinabas solo en mi corazón antes de que Alicia fuera mi esposa, y te enoja hallarte ahora en él acompañado. ¡Egoísta! Prométeme hacer hoy mismo las paces con ella. Y de aquí en adelante, Alicia a secas la has de llamar. Y aún sería mejor que la llamases madre; y, si madre no, porque su edad no lo consiente, llámala hermana, que hermanos debéis ser, teniendo los dos un mismo padre. (*Abrazándole.*)

EDMUNDO.—(¡Qué suplicio!)

YORICK.—¿Lloras? Ea, ea, no llores...; no llores, si no quieres que también yo... (*Limpiándose las lágrimas con las manos.*) Y ¿sabes lo que pienso? Que si los celos de hijo son tan vivos en ti, los de amante deben ser cosa muy terrible. Diz que[26] no hay pasión más poderosa que esta de los celos; que por entero domina el alma; que hace olvidarlo todo.

EDMUNDO.—¡Todo! Sí, señor, ¡todo!

YORICK.—¿Conque tú has estado celoso de una mujer? ¡Qué gusto! Así podrás estudiarme el papel de marido

---

[26] Repetición del arcaísmo comentado en la nota 1.

celoso; explicándome cómo en el pecho nace y se desarrolla ese afecto desconocido para mí; qué linaje de tormentos ocasiona, por qué signos exteriores se deja ver; todo aquello, en fin, que le corresponde y atañe. Empieza ahora por leerme esta escena. (*Dándole el manuscrito abierto.*) Desde aquí. (*Señalando un lugar en el manuscrito.*) Anda.

EDMUNDO.—¿Conque eres tú el villano?...

YORICK.—Eso te lo digo yo a ti. (EDMUNDO *se inmuta y sigue leyendo torpe y desmayadamente.*)

EDMUNDO.—Tú el pérfido y aleve...

YORICK.—Chico, chico, mira que no se puede hacer peor. ¡Más brío! ¡Más vehemencia!

EDMUNDO.—Tú el seductor infame que se atreve...

YORICK.—¡Alma, alma!

EDMUNDO.—¿A desgarrar el pecho de un anciano?

YORICK.—No estás hoy para ello. Dame. (*Quitándole el manuscrito.*) Escucha:

> ¿Conque eres tú el villano,
> tú el pérfido y aleve,
> tú el seductor infame...?

ESCENA IV

DICHOS y WALTON

WALTON.—¿Quién rabia por aquí? (*Desde la puerta del foro.*)

YORICK.—¡Walton! (*Cerrando el manuscrito.*)

WALTON.—¿Reñías con Edmundo?

YORICK.—No reñía con nadie.

WALTON.—Al llegar me pareció oír...

YORICK.—(De fijo lo sabe ya, y viene buscando quimera.)

WALTON.—Jurara que no me recibes con mucho agrado.

YORICK.—Porque adivino tus intenciones.

WALTON.—Adivinar es.

YORICK.—Ahorremos palabras: ¿qué te trae por acá?

WALTON.—Si lo sabes, ¿a qué quieres que te lo diga? Pero ¿qué hacéis de pie, señor Walton? (*Dirigiéndose a sí mismo la palabra.*) Aquí tenéis silla. (*Tomando una silla y colocándola en el centro del escenario.*) Gracias. (*Sentándose.*)

YORICK.—Mira, mira, lo que es a mí no te vengas con pullitas, porque si me llego a enfadar...

WALTON.—¡Oh, entonces!... ¡Vaya!... ¡Pues ya lo creo! Si tiene un genio como un tigre... ¿Verdad, Edmundo?

EDMUNDO.—¿Eh?...

YORICK.—¿Te burlas de mí?

EDMUNDO.—¿Burlarse él de vos?

WALTON.—Justo es que defiendas a tu amigo Yorick, a tu protector. a tu segundo padre... ¡Oh, este muchacho es una alhaja! (*Dirigiéndose a* YORICK.) ¡Y cuánto me gustan a mí las personas agradecidas! [27]

EDMUNDO.—¡Walton! (*Sin poderse contener y con aire amenazador.*)

WALTON.—¿Las alabanzas te incomodan?

EDMUNDO.—(¿Cuál es su intención?)

WALTON.—Vamos, se conoce que hoy todos han pisado aquí mala yerba. Adiós. (*Levantándose.*) Tú te lo pierdes.

YORICK.—Que yo me pierdo... ¿qué?

WALTON.—Nada. Venía en busca de un amigo, hallo un tonto, y me voy.

YORICK.—¿Tonto me llamas?

WALTON.—No se me ha ocurrido cosa mejor.

YORICK.—¿Has visto a Shakespeare?

WALTON.—No, sino al autor del drama nuevo.

YORICK.—¿Y qué?

WALTON.—Shakespeare, al salir de aquí, se encontró casualmente con él, y le dijo que en su obra era menester que hicieses tú el papel de marido.

YORICK.—Ya vamos entendiéndonos.

---

[27] Nótese la ironía malintencionada de la exclamación.

WALTON.—El autor se quedó como el que ve visiones.

YORICK.—No es él mala visión.

WALTON.—Y muy amostazado, se vino a mi casa para instarme a que reclamara un papel que en su concepto me correspondía...

YORICK.—Y tú..., pues... tú...

WALTON.—Yo... *(Como haciéndose violencia a sí mismo.)* Quiero que sepas la verdad. Yo al pronto me llené de ira; luego vi que no tenía razón y dije al poeta... Pero ¿a qué me canso en referirte? *(Da algunos pasos hacia el foro.)*

YORICK.—No... Oye... Ven. *(Le coge de una mano y le trae al proscenio.)* ¿Qué le dijiste?

WALTON.—Le dije que tú eras mi amigo; que un actor de tu mérito y experiencia podía ejecutar bien cualquiera clase de papeles, con sólo que en ello se empeñara; que yo haría el de confidente, que es, como odioso, muy difícil; que te auxiliaría con mis consejos si tú querías aceptarlos... Adiós... *(Como despidiéndose y echando a andar hacia el foro.)*

YORICK.—Pero ven acá, hombre, ven acá. *(Deteniéndole y trayéndole al proscenio como antes.)* ¿Eso dijiste?

WALTON.—Y cuando vengo, satisfecho de mí mismo, a darte la noticia, se me recibe con gesto de vinagre y palabras de hiel... Por fuerza había de pagarte en la misma moneda. La culpa tiene... *(Dirigiéndose de nuevo hacia el foro.)*

YORICK.—No, si no te has de ir [23]. *(Deteniéndole y trayéndole al proscenio otra vez.)* ¡Es tan raro eso que me cuentas!

WALTON.—Y ¿por qué es raro, vamos a ver?

YORICK.—Parecía lo más natural que te disgustase perder la ocasión de alcanzar un nuevo triunfo, y que en cambio yo...

WALTON.—El templo de la gloria es tan grande, que no se ha llenado todavía ni se llenará jamás.

---

[23] *si,* en comienzo de frase, para reforzar la expresión. Confróntese nota 4.

YORICK.—Como tienes ese pícaro genio...

WALTON. Se me cree díscolo porque no sé mentir ni disimular.

YORICK.—¿Pero ello es que no te enojas porque yo haga de conde Octavio en ese drama?

WALTON.—He dicho ya que no.

YORICK.—¿Y que tú harás de confidente?

WALTON.—Ya he dicho que sí.

YORICK.—¿Y que me estudiarás el papel?

WALTON.—Me ofendes con tus dudas.

YORICK.—Edmundo, ¿oyes esto?

WALTON.—A ver si alguna vez logro ser apreciado justamente.

YORICK.—Mira: la verdad es que a mí me has parecido siempre un bellaco.

WALTON.—Así se juzga a los hombres en el mundo.

YORICK.—Confesar la culpa, ya es principio de enmienda; y si tú ahora quisieses darnos unos cuantos pescozones...

WALTON.—Debiera dártelos a fe.

YORICK.—Pues anda, no vaciles. En caridad te ruego que me des uno tan siquiera.

WALTON.—¡Ea, quita allá!

YORICK.—Dame entonces la mano.

WALTON.—Eso sí. *(Estrechándose ambos las manos.)*

YORICK.—Y yo que hubiera jurado... Si el que piensa mal, merecía [29] no equivocarse nunca. ¿Tienes ahora algo que hacer?

WALTON.—Ni algo ni nada.

YORICK.—¡Me alegraría tanto el oírte leer el papel antes de empezar a estudiarle! [30]

WALTON.—Pues si quieres, por mí...

YORICK.—¿Que si quiero? ¿No he de querer? No quie-

---

[29] *merecía* por *merece* o *merecería,* es uno de los casos señalados por Hanssen como uso metafórico del pretérito imperfecto de indicativo, con carácter de modestia. (*Gramática histórica,* § 574.)

[30] Caso de leísmo frecuente en el habla madrileña. *Estudiarle* por *estudiarlo.* Vid. nota 10.

ro otra cosa. ¡Vaya, que me dejas atónito con bondad y nobleza tan desmedidas! ¿Quién había de imaginarse que tú?

WALTON.—¿Vuelta a las andadas? *(Con ira)*

YORICK.—No, no... Al contrario. Quería decir .. Conque, vámonos a mi cuarto... Allí nos encerramos y... Francamente: el papel de marido ultrajado me parece algo dificultoso...

WALTON.—Te engañas. El papel de marido ultrajado se hace sin ninguna dificultad. ¿A que Edmundo opina de igual manera?

EDMUNDO.—¿Yo...? *(¿Qué dice este hombre?)*

YORICK.—Con tus lecciones todo me será fácil. Y di, ¿me enseñarás alguna de esas inflexiones de voz de que sacas tanto partido?

WALTON.—Seguramente.

YORICK.—¿Y alguna de esas transiciones repentinas, en que siempre te haces aplaudir?

WALTON.—Pregunta excusada.

YORICK.—¿Y aquel modo de fingir el llanto, con que arrancas lágrimas al público?

WALTON.—Sí, hombre, sí; todo lo que quieras.

YORICK.—¿Y crees que al fin conseguiré?...

WALTON.—Conseguirás un triunfo.

YORICK.—¿De veras? *(Restregándose las manos de gusto.)*

WALTON.—Ni tú mismo sabes de lo que eres capaz.

YORICK.—Pero, hombre... *(Con júbilo que apenas le consiente hablar.)*

WALTON.—¡Oh, me precio de conocer bien a los actores!

YORICK.—Digo si conocerás bien [31]... Me pondría a saltar de mejor gana que lo digo. Vamos adentro, vamos... *(Dirigiéndose con WALTON hacia la derecha. Luego corre al lado de EDMUNDO. WALTON se queda esperándole cerca de la puerta de la derecha.)* Pero, Edmundo, ¿es posible que viéndome tan alegre a mí, no

---

[31] *digo si conocerás bien...* Nótese el énfasis intencional de la frase.

quieras tú alegrarte? Alégrate, por Dios. Quiero que esté alegre todo el mundo.

¿Conque eres tú el villano?...

WALTON.—Anda, y no perdamos tiempo.

YORICK.—Sí, sí, no perdamos... (*Corrriendo hacia donde está* WALTON.) Lo que pierdo hoy de seguro es la cabeza. ¡Ah!, oye. (*Volviendo rápidamente al lado de* EDMUNDO *y hablando en voz baja.*) Aunque éste me repase el papel, no renuncio a que tú... ¿Eh? (*Va hasta el comedio del escenario y allí se detiene.*) ¡Con dos maestros así!... (*Consigo mismo, señalando a* EDMUNDO *y* WALTON.) Y con Guillermo, por añadidura... Y que yo no soy ningún necio...

¡Tiemble la esposa infiel, tiemble la ingrata!... ¡No hay más, lo haré divinamente! (*Saltando de alegría.*) ¿No lo dije? Ya salté de gozo como un chiquillo.

WALTON.—Pero ¿no vienes?

YORICK.—Sí, sí, vamos allá. (*Vanse* YORICK *y* WALTON *por la puerta de la derecha.*)

ESCENA V

EDMUNDO *y, a poco,* ALICIA

EDMUNDO.—¿Qué pensar? ¿Conoce Walton mi secreto? ¡Dios no lo quiera! ¿Hablaba sin malicia o con intención depravada? ¡Siempre recelar! ¡Siempre temer! ¡Ay, qué asustadiza es la culpa! ¡Ay, qué existencia la del culpado! (*Siéntase cerca de la mesa, en la cual apoya los brazos, dejando caer sobre ellos la cabeza.* ALICIA *sale por la puerta de la izquierda, y al verle en aquella actitud, se estremece y corre hacia él sobresaltada.*)

ALICIA.—¿Qué es eso, Edmundo? ¿Qué te pasa? ¿Qué hay?

EDMUNDO.—¡Tú también, desdichada, temblando siempre como yo!

ALICIA.—¿Y qué he de hacer sino temblar? Con la conciencia no se lucha sin miedo.

EDMUNDO.—¿Y hemos de vivir siempre así? Dime, por favor, ¿esto es vida?

ALICIA.—¿A mí me lo preguntas? Cabe en lo posible contar los momentos de un día; no los dolores y zozobras que yo durante un día padezco. Si alguien me mira, digo: ése lo sabe. Si alguien se acerca a mi marido, digo: ése va a contárselo. En todo semblante se me figura descubrir gesto amenazador; amenazadora retumba en mi pecho la palabra más inocente. Me da miedo la luz; temo que haga ver mi conciencia. La oscuridad me espanta: mi conciencia en medio de las tinieblas aparece más tenebrosa. A veces juraría sentir en el rostro la señal de mi delito; quiero tocarla con la mano, y apenas logro que desaparezca la tenaz ilusión mirándome a un espejo. Agótanse ya todas mis fuerzas; no quiere ya seguir penando mi corazón, y la hora bendecida del que necesita descanso llega para mí como nuevos horrores. ¡Ay, que si duermo, quizá sueñe con él; quizá se escape de mis labios su nombre, quizá diga a veces que le amo! Y si al fin duermo, a pesar mío, entonces soy más desdichada, porque los vagos temores de là vigilia toman durante el sueño cuerpo de realidad espantosa. Y otra vez es de día; y a la amargura de ayer, que parecía insuperable, excede siempre la de hoy; a la amargura de hoy que raya en lo infinito, excede siempre la de mañana. ¿Llorar? ¡Ay, cuánto he llorado! ¿Suspirar? ¡Ay, cuánto he suspirado! Ya no tengo lágrimas ni suspiros que me consuelen. ¿Vienes? ¡Qué susto, qué desear que te vayas! ¿Te vas? ¡Qué angustia, qué desear que vuelvas! Y vuelves, y cuando como ahora hablo a solas contigo, me parece que mis palabras suenan tanto que pueden oírse en todas partes; el vuelo de un insecto me deja sin gota de sangre en las venas; creo que dondequiera hay oídos que escuchan, ojos que miran, y yo no sé hacia dónde volver los míos... *(mirando con terror hacia una y otra parte)* y... ¡Oh! *(Dando un grito.)*

EDMUNDO.—¿Qué? ¡Habla! *(Con sobresalto y ansiedad, mirando en la misma dirección que ALICIA.)*

ALICIA.—Nada: mi sombra, mi sombra que me ha parecido testigo acusador. ¿Y tú me preguntas si esto es vida? ¡Qué ha de ser vida, Edmundo! No es vida, no lo es: es una muerte que no se acaba.

EDMUNDO.—Serénate, Alicia, y considera que, a serlo más, te creerías menos culpada. Parece siempre horrenda la culpa si aún brilla a su lado la virtud.

ALICIA.—No me hables de virtud. Sólo con amarte, huello todos los deberes: ofendo al cielo y a la tierra. Sálvame; salva, como fuerte, a una débil mujer.

EDMUNDO.—¡Oh, sí; preciso es que ambos nos salvemos! Pero ¿cómo salvarnos? ¡Ver a mi Alicia idolatrada y no hablar con ella; hablar con ella y no decirle que la quiero; dejar de quererla, habiéndola querido una vez!... ¡Qué desatino! ¡Qué locura! Yo, sin embargo, todos los días me entretengo en formar muy buenos propósitos, con intención de no cumplirlos: así da uno que reír al demonio. Propóngome lo que todo el mundo en ocasiones parecidas: convertir en amistad el amor. El amor, trabajando por hacerse más pequeño, se hace más grande. No se convierte el amor en amistad; si acaso, en odio tan vivo y tan profundo como él. La idea de quererte menos me indigna, me enfurece. Amarte con delirio o aborrecerte con frenesí: no hay otro remedio. A ver, dime: ¿cómo lograría yo aborrecerte?

ALICIA.—Los días enteros se me pasan a mí también discurriendo medios de vencer al tirano de mi albedrío [32]. Si Edmundo se enamorase de otra mujer, me digo a mí misma, todo estaba arreglado: y con sólo figurar-

---

[32] Esta perífrasis retórica de llamar «tirano de mi albedrío» al amor, disuena en la sinceridad dolorida del parlamento de Alicia.

me que te veo al lado de otra mujer, tiemblo de cólera, y comparado con este dolor, no hay dolor que
a mis ojos no tome aspecto de alegría. Póngome a pedir
a Dios que me olvides, y noto de pronto que estoy pi-
diéndole que me quieras. No más pelear inútilmente.
Conozco mi ingratitud para con el mejor de los hombres: te amo. Conozco mi vileza: te amo. Sálvame,
te decía. Mi salvación está en no amarte. No me puedes salvar.

EDMUNDO.—¡Alicia, Alicia de mi alma!

ALICIA.—¡Edmundo! *(Van a abrazarse y se detienen,
oyendo ruido en el foro.)* ¡Oh, quita!

ESCENA VI

DICHOS y SHAKESPEARE. *Después,* YORICK y WALTON

SHAKESPEARE.—¡Loado sea Dios, que os encuentro solos! Buscándoos venía,

EDMUNDO.—¿A quién..., a mí? *(Con recelo.)*

SHAKESPEARE.—A ti y a ella.

ALICIA.—¿A los dos?

SHAKESPEARE.—A los dos.

EDMUNDO.—(¡Cielos!)

ALICIA.—(¡Dios mío!)

SHAKESPEARE.—¿Puedo hablar sin temor de que nadie nos oiga?

EDMUNDO.—¿Tan secreto es lo que nos tenéis que revelar?

SHAKESPEARE.—Ni yo mismo quisiera oírlo.

ALICIA.—(No sé qué me sucede.)

EDMUNDO.—Hablad, pero ved lo que decís.

SHAKESPEARE.—Mira tú lo que dices. *(Clavando en él
una mirada.)*

EDMUNDO.—Es que no debo tolerar...

SHAKESPEARE.—Calla y escucha. *(Imperiosamente.)*

EDMUNDO — ¡Oh! *(Baja la cabeza dominado por el tono y ademán de* SHAKESPEARE.*)*

SHAKESPEARE — Tiempo ha [33] que debí dar voluntariamente un paso que doy ahora arrastrado de la necesidad. Fui cobarde. ¡Malditos miramientos humanos que hacen cobarde al hombre de bien! Ya no vacilo: ya en nada reparo; Edmundo, tú amas a esa mujer.

EDMUNDO.—¿Yo?

SHAKESPEARE.—Alicia, tú amas a ese hombre.

ALICIA.—¡Ah! *(Con sobresalto y dolor.)*

EDMUNDO.—¿Con qué derecho os atrevéis?...

SHAKESPEARE.—Con el derecho que me da el ser amigo del esposo de Alicia y del padre de Edmundo.

EDMUNDO.—Pero si no es cierto lo que decís; si os han engañado.

ALICIA.—Os han engañado, no lo dudéis.

SHAKESPEARE.—La hipocresía y la culpa son hermanas gemelas. Ven acá. *(Asiendo una mano a* ALICIA *y trayéndola cerca de sí.)* Ven acá. *(Asiendo de una mano a* EDMUNDO *y poniéndole delante de* ALICIA.*)* Levanta la cabeza, Edmundo. Levántala tú. *(Levantando con una mano la cabeza de* EDMUNDO *y con la otra la de* ALICIA.*)* Miraos cara a cara con el sosiego del inocente. Miraos. ¡Oh! Pálidos estabais; ¿por qué os ponéis tan encendidos? Antes, el color del remordimiento, ahora el color de la vergüenza.

ALICIA.—¡Compasión!

EDMUNDO.—¡Basta ya! *(Con profundo dolor.)*

ALICIA.—Habéis hablado tan de improviso...

EDMUNDO.—La acusación ha caído como un rayo sobre nosotros.

ALICIA.—Hemos tenido miedo.

EDMUNDO.—Os diré la verdad.

ALICIA.—Es cierto: me ama, le amo.

EDMUNDO.—Sois noble y generoso.

ALICIA.—Tendréis lástima de dos infelices.

EDMUNDO.—No querréis aumentar nuestra desventura.

---

[33] Cfr. *Tiempo ha...*, nota 22.

ALICIA.—Al contrario: nos protegeréis, nos defenderéis contra nosotros mismos.

SHAKESPEARE.—Vamos, hijos míos, serenidad.

ALICIA.—¡Hijos nos llama! ¿Lo has oído?

EDMUNDO.—¡Oh, besaremos vuestras plantas!

ALICIA.—Sí. *(Yendo a arrodillarse.)*

SHAKESPEARE.—No; en mis brazos estaréis mejor. *(Abriendo los brazos.)*

EDMUNDO.—¡Guillermo! *(Deteniéndose con rubor.)*

ALICIA.—¿Es posible? *(Con alegría.)*

SHAKESPEARE.—¡Venid!

EDMUNDO.—¡Salvadnos! *(Arrojándose en sus brazos.)*

ALICIA.—¡Salvadnos, por piedad! *(Arrojándose también en los brazos de* SHAKESPEARE.*)*

SHAKESPEARE.—Sí; yo os salvaré con la ayuda de Dios. *(Pausa, durante la cual se oyen los sollozos de* EDMUNDO *y* ALICIA.*)*

ALICIA.—Pero ¿qué miro? ¿Estáis llorando?

SHAKESPEARE.—Viendo lágrimas, ¿qué ha de hacer uno sino llorar?

ALICIA.—Edmundo, es un protector que el cielo nos envía. ¡Y le queríamos engañar, queríamos rechazarle! ¡Cuál ciega la desdicha! Tener un amigo que nos consuele, que tome para sí parte de nuestras aflicciones: ser amparados del hombre que mejor puede curar los males del alma, porque es el que los conoce mejor... [34] ¡Oh, gozo inesperado! ¿Quién me hubiera dicho momentos ha que tan cerca de mí estaba la alegría? Ya respiro. ¡Ay, Edmundo, esto es ya vivir!

SHAKESPEARE.—No hay tiempo que perder. Hablad. Quiero saberlo todo.

EDMUNDO.—Vino ha dos años [35] Alicia a la compañía de vuestro teatro. Entonces la conocí. ¡Nunca la hubiera conocido!

---

[34] Alusión al dominio de Shakespeare en cuanto a la exposición de pasiones y afectos desordenados del alma.

[35] *ha dos años.* Cfr. notas 22 y 33; ahora nos encontramos con el complemento pospuesto al verbo. En el anterior parlamento de Alicia vemos la fórmula contraria: *momentos ha...*

ALICIA.—¡Nunca jamás le hubiera conocido yo!

EDMUNDO.—La vi de lejos; me arrastró hacia ella fuerza misteriosa. Llegué a su lado; miré, no vi; hablé, no se oyó lo que dije. Temblé; ¡la amaba! [36]

ALICIA.—¡Yo le amaba también!

EDMUNDO.—Quiere el amor, aun siendo legítimo, vivir oculto en el fondo del corazón. Pasaron días. Resolví al fin declararme. ¡Imposible!

ALICIA.—Yorick me había manifestado ya su cariño.

EDMUNDO.—Era mi rival el hombre a quien todo se lo debía.

ALICIA.—Cayó mi madre muy enferma; carecíamos de recursos; Yorick apareció a nuestros ojos como enviado de la Misericordia Infinita.

EDMUNDO.—¿Podía yo impedir que mi bienhechor hiciese bien a los demás?

ALICIA.—Alicia, me dijo un día mi madre: vas a quedarte abandonada; cásate con Yorick; ¡te quiere tanto y es tan bueno!...

EDMUNDO.—Yorick me había recogido desnudo y hambriento de en medio de la calle, para darme abrigo y amor y dicha y un lugar en el mundo [37].

ALICIA.—Por Yorick gozaba mi madre en los últimos días de su existencia todo linaje de consuelos.

EDMUNDO.—Destruir la felicidad de ese hombre, hubiera sido en mí singular villanía.

ALICIA.—Mi madre rogaba moribunda.

EDMUNDO.—Lo que se hace rindiendo culto a la gratitud, eso es lo que yo hice.

ALICIA.—Lo que se responde a una madre que suplica moribunda, eso es lo que yo respondí.

EDMUNDO.—Y juré que había de olvidarla.

---

[36] Asíndeton vigoroso o falta de nexos conjuntivos para dar rapidez y energía a la cláusula.

[37] Polisíndeton, o repetición de la copulativa y, con lo que resalta más la multiplicidad de motivos de gratitud que tiene Edmundo con Yorick. Nótese el artificio correlativo y simétrico que adoptan seguidamente las declaraciones alternadas de Alicia y Edmundo ante Shakespeare.

ALICIA.—Y según iba empeñándome en quererle menos, le iba queriendo más.

EDMUNDO.—Era vana la resistencia.

ALICIA.—Pero decía yo: Edmundo es hijo de Yorick.

EDMUNDO.—Yorick es mi padre, decía yo.

ALICIA.—En casándome con Yorick, se acabó el amor que ese hombre me inspira.

EDMUNDO.—Se acabó el amor que siento por esa mujer, al punto mismo en que Yorick se enlace con ella.

ALICIA.—¿Amar al hijo de mi esposo? ¡Qué horror! No cabe en lo posible.

EDMUNDO.—¿Amar a la esposa de mi padre? ¡Qué locura! No puede ser.

ALICIA.—¡Y con qué afán aguardaba yo la hora de mi enlace!

EDMUNDO.—Siglos se me hacían los minutos que esa hora tardaba en llegar.

ALICIA.—¡Y llegó por fin esa hora!

EDMUNDO.—¡Por fin se casó!

ALICIA.—Y al perder su última esperanza el amor, en vez de huir de nuestro pecho...

EDMUNDO.—Alzóse en él, rugiendo como fiera osada.

ALICIA.—Callamos, callamos, sin embargo.

EDMUNDO.—A pesar de los ruegos y lágrimas de Yorick, me negué a seguir viviendo en su casa.

ALICIA.—Pero tuvo que venir aquí con frecuencia.

EDMUNDO.—Él lo exigía.

ALICIA.—Nos veíamos diariamente; callamos.

EDMUNDO.—Pasábamos solos una hora y otra hora; callamos.

ALICIA.—Un día, al fin, representando Romeo y Julieta... [38]

EDMUNDO.—Animados por la llama de la hermosa ficción...

---

[38] Cfr. nota 7, y la opinión de Yorick ante la representación de esta misma escena del drama shakespeariano por su esposa y Edmundo. Adviértase de nuevo el paralelismo reiterativo en el siguiente diálogo de los dos enamorados.

ALICIA,—Unida a la llama de la ficción, la llama abrasadora de la verdad.

EDMUNDO.—Cuando tantas miradas estaban fijas en nosotros...

ALICIA.—Cuando tantos oídos estaban pendientes de nuestra voz...

EDMUNDO.—Entonces mi boca —miento—, mi corazón, le preguntó quedo, muy quedo: «¿Me quieres?»

ALICIA.—Y mi boca —miento—, mi corazón quedo, muy quedo, respondió: «Sí.»

EDMUNDO.—He aquí nuestra culpa.

ALICIA.—Nuestro castigo, a toda hora recelar y temer.

EDMUNDO.—¡Implacables remordimientos!

ALICIA.—¿Consuelo? Ninguno.

EDMUNDO.—¿Remedio? Uno solamente.

ALICIA.—Morir.

EDMUNDO.—Y nada falta que deciros.

ALICIA.—Lo juramos.

EDMUNDO.—¡Por la vida de Yorick!

ALICIA.—¡Por su vida!

EDMUNDO.—Eso es lo que sucede.

ALICIA.—Eso es.

SHAKESPEARE.—¡Mísera humanidad! Vuélvese en ti manantial de crímenes la noble empresa acometida sin esfuerzo bastante para llevarla a cabo. ¡Mísera humanidad! Retrocedes ante el obstáculo pequeño; saltas por encima del grande. Os amáis: es preciso que no os améis.

EDMUNDO.—Quien tal dice, no sabe que el alma esclavizada por el amor, no se libra de su tirano.

SHAKESPEARE.—Quien tal dice sabe que el alma es libre, como hija de Dios.

ALICIA.—Explicádmelo, por piedad; ¿qué hará cuando quiera no amar el que ama?

SHAKESPEARE.—Querer.

EDMUNDO.—Querer no basta.

SHAKESPEARE.—Basta, si el querer no es fingido.

ALICIA.—¿Quién lo asegura?

SHAKESPEARE.—Testigo irrecusable.

EDMUNDO.—¿Qué testigo?

SHAKESPEARE.—Vuestra conciencia. Si de la culpa no fuerais responsables, ¿a qué temores, a qué lágrimas, a qué remordimientos? Huirás de Alicia para siempre.

EDMUNDO.—Mil veces se me ha ocurrido ya tal idea. No exijáis imposibles.

SHAKESPEARE.—En la pendiente del crimen hay que retroceder o avanzar; retrocederás, mal que te pese.

EDMUNDO.—¿Haréis que me vaya por fuerza?

SHAKESPEARE.—Si no queda otro remedio, por fuerza se ha de hacer el bien.

ALICIA.—Edmundo os obedecerá. Teniendo ya quien nos proteja, veréis cómo en nosotros renacen el valor y la fe.

EDMUNDO.—¡Oh, sí; con vuestra ayuda no habrá hazaña que nos parezca imposible! Soldados somos del deber.

ALICIA.—Vos, nuestro capitán.

EDMUNDO.—Conducidnos a la victoria.

SHAKESPEARE.—Si esta buena obra pudiera yo hacer, reiríame de Otelo y de Macbeth, y de todas esas tonterías [39]. *(Con íntimo júbilo.)* Confío en la promesa de un hombre. *(Estrechándole a* EDMUNDO *la mano.)* Y en la promesa de una mujer. *(Estrechándole la mano a* ALICIA.*)*

EDMUNDO.— } ¡Sí!
ALICIA.—

SHAKESPEARE.—Pues mientras llega el día de que Edmundo nos deje, nunca estéis solos; nunca delante de los demás os dirijáis ni una mirada. Esto pide el deber; esto reclama la necesidad. Me figuraba ser el único poseedor del secreto. ¡Necio de mí! Nunca pudo estar oculto el amor.

ALICIA.—¿Qué decís?

---

[39] *Otelo* y *Macbeth* son dos tragedias de la madurez de Shakespeare (1602-1608), periodo al que corresponden también *Hamlet* y *El rey Lear*.

EDMUNDO.—Explicaos.

SHAKESPEARE.—Conoce también ese horrible secreto persona de quien fundadamente puede temerse una vileza.

EDMUNDO.—¿Qué persona?

SHAKESPEARE.—Con motivo del reparto de papeles de un drama nuevo, está Walton enfurecido contra Yorick.

EDMUNDO.—¡Walton! *(Con terror.)*

SHAKESPEARE.—Lo sé por el autor de la obra, que de casa de Walton fue hace poco a la mía y me refirió la plática que ambos acababan de tener. Walton ha dicho estas o parecidas frases, que el autor repetía sin entenderlas: «Cuadra a Yorick divinamente el papel de marido ultrajado, y no se le debe disputar.»

ALICIA.—¡Dios de mi vida!

SHAKESPEARE.—«Si por descuido o ceguedad no advirtiese las excelencias de papel tan gallardo, yo le abriré los ojos.»

ALICIA.—¡Oh, no hay duda, ese hombre es un malvado, nos perderá!

EDMUNDO.—Sí, Alicia, estamos perdidos, perdidos sin remedio. *(Con mucha ansiedad.)*

SHAKESPEARE.—Todavía no. Corro al punto en su busca, y, en viéndole yo, nada habrá que temer. *(Dirigiéndose hacia el foro.)*

EDMUNDO.—¡Alicia! ¡Alicia! *(Yéndose hacia ella y asiéndole las manos.)*

ALICIA.—¿Qué tienes? ¿Por qué te acongojas de ese modo?

SHAKESPEARE. *(Desde el foro.)*—Valor, Edmundo. Volveré en seguida a tranquilizaros.

EDMUNDO.—¡No os vayáis, por Dios!

SHAKESPEARE. *(Dando algunos pasos hacia el proscenio.)*—¿Qué no me vaya? ¿por qué?

EDMUNDO.—No está ahora Walton en su casa.

SHAKESPEARE. *(Viniendo al lado de EDMUNDO.)*—¿Cómo lo sabes?

EDMUNDO.—Yo soy quien os dice: ¡valor! (*A* SHAKES-
PEARE.) ¡Valor desdichada! (*A* ALICIA.)

ALICIA.—Sácame de esta horrible ansiedad.

SHAKESPEARE.—¿Dónde está ese hombre?

EDMUNDO.—Aquí.

SHAKESPEARE.—¡Cielos!

ALICIA.—¿Con él?

EDMUNDO.—¡Con él!

SHAKESPEARE.—¿Tú le has visto, sin duda?

EDMUNDO.—Delante de mí empezó ya a descubrir el ob-
jeto de su venida.

ALICIA.—¡Oh! ¿Qué hago yo ahora, Dios mío, qué hago yo?

EDMUNDO.—Tierra enemiga, ¿por qué no te abres a mis
plantas?

SHAKESPEARE.—¡Qué fatalidad!

ALICIA.—¡No me abandonéis; defendedme, amparadme!

EDMUNDO.—¡Por piedad, un medio, una esperanza!

SHAKESPEARE.—Si nos aturdimos... Calma..., sosiego...
(*Como recapacitando.* YORICK *aparece en la puerta de
la derecha, seguido de* WALTON, *a quien da la comedia
que trae en la mano y hace con semblante alegre se-
ñas para que se calle, poniéndose un dedo en la boca.
Después se acerca rápidamente de puntillas a su
mujer.*)

EDMUNDO.—¿Qué resolvéis? (*Con mucha ansiedad a*
SHAKESPEARE.)

ALICIA.—¡Decid!

YORICK.—Tiemble la esposa infiel, tiemble... (*Asiendo
por un brazo a su mujer con actitud afectadamente trágica, y declamando con exagerado énfasis.*)

ALICIA.—¡Jesús! (*Estremeciéndose con espanto.*) ¡Perdón! (*Cayendo al suelo sin sentido.*)

YORICK.—¿Eh?

EDMUNDO.—¡Infame! (*Queriendo lanzarse contra* WAL-
TON.)

SHAKESPEARE —¡Insensato! (*En voz baja a* EDMUNDO,
deteniéndole.)

YORICK.—¿Perdón? *(Confuso y aturdido.)*
WALTON.—¡Casualidad como ella!) *(Irónicamente.)*
YORICK.—¡Perdón!... *(Queriendo explicarse lo que sucede.* SHAKESPEARE *va a socorrer a* ALICIA.)

FIN DEL ACTO PRIMERO

ACTO SEGUNDO

La misma decoración del primero

ESCENA PRIMERA

WALTON

WALTON.—Esperaré a que vuelva. *(Hablando desde el fo-ro con alguien que se supone estar dentro. Deja el som-brero en una silla y se adelanta hacia el proscenio.)* Pasa conmigo en el ensayo más de tres horas, y poco después va a mi casa a buscarme. ¿Qué me querrá? Y ¿hago yo bien en buscarle a él? Como el ser amado atrae el ser aborrecido. Esta noche se estrenará la comedia nue-va [40], esta noche representará Yorick el papel que debió ser mío, y que villanamente me roba. ¿Lo hará bien? Dejárselo hacer; animarle a intentar cosas muy difíci-les, donde no pudiera evitar la caída; representar yo a

---

[40] «La comedia nueva», dice Walton. Cfr. *drama nuevo* del título y de la denominación empleada en el acto I, escena 1.ª. Es opi-nión de Esquer Torres que la obra fue titulada *Yorick* por Tama-yo en un principio; luego pensó rebautizarla como *La comedia nueva,* pero el recuerdo de la obra de Moratín con el mismo tí-tulo le decidió por adoptar el que ahora lleva, si bien el tono profundamente trágico de la obra, le haría desechar inicialmente la denominación de *comedia,* a pesar de la tradición clásica española.

su lado un papel inferior, me pareció medio eficaz de lograr a un tiempo castigo el más adecuado para él, para mí la más satisfactoria venganza. Hoy temo haberme equivocado. Singular es que todo el mundo crea que ha de hacerlo mal, excepto yo. Fuera de que el vulgo aplaude por costumbre... Yorick es su ídolo... Hasta la circunstancia de verle cambiar repentinamente el zueco por el coturno [41], le servirá de recomendación... Ni mis enemigos desperdiciarán esta coyuntura que se les ofrece para darme en los ojos. Y ¡qué fervorosa es la alabanza dirigida a quien no la merece! ¡Qué dulce es alabar a uno con el solo fin de humillar a otro! Pues bueno fuera que viniese hoy Yorick con sus manos lavadas a quitarme de las sienes el lauro regado con sudor y lágrimas de tantos años de combate; mi única esperanza de consuelo desde que recibió mi pecho la herida que no ha de cicatrizarse jamás. ¡Oh gloria! ¡Oh deidad, cuanto adorada aborrecible! Pies de plomo tienes para acercarte a quien te llama; alas, para la huida. Padece uno, si te espera; mas, si por fin te goza, si luego te pierde, mil veces más. ¿Qué mucho que el anhelo de conservarte ahogue la voz del honor y de la virtud? No bien supe que Yorick trataba de ofenderme, debí yo herirle con la noticia de su oprobio. La venganza más segura y más pronta, ésa es la mejor. Alcance mi rival un triunfo en las tablas, destruyendo mi gloria, y vengarme de él será ya imposible. Di palabra de guardar el secreto, la di, ¿qué remedio sino cumplirla? ¡Ejerce Shakespeare sobre mí tan rara influencia!... ¡Me causa un pavor tan invencible!... Y no cabe duda ninguna: Yorick tiene celos. Quiere ocultarlos en el fondo del corazón; pero los celos siempre se asoman a la cara. Hizo en parte la casualidad lo que yo hubiera debido hacer, y aunque Shakespeare agotó su ingenio para ofuscarle... Clavada en el alma la sos-

---

[41] «cambiar... el zueco por el coturno», es decir, el género cómico por el trágico. Locución tropológica, basada en el nombre del calzado que usaban los actores en el antiguo teatro grecorromano, según representasen comedias o tragedias.

pecha, no hay sino correr en pos de la verdad hasta poner sobre ella la mano. Y ¿quién sabe si de los celos verdaderos del hombre estará recibiendo inspiraciones el actor para expresar los celos fingidos? Esto faltaba solamente: que hasta los males de mi enemigo se vuelvan contra mí. ¡Ah!, ¿eres tú? *(Cambiando de tono al ver entrar a* YORICK *por la puerta del foro.)* A Dios gracias. Ya me cansaba de esperarte.

ESCENA II

WALTON *y* YORICK

YORICK.—¿Tú aquí?

WALTON.—Sé que has estado en casa después del ensayo, y vengo a ver en qué puedo servirte. (YORICK *le mira en silencio.)* Di, pues, ¿querías algo?

YORICK.—Quería solamente... *(Turbándose.)* Ya te diré

WALTON.—(¿Qué será?...)

YORICK.—He andado mucho y estoy rendido de fatiga *(Sentándose.)*

WALTON.—Descansa enhorabuena [42].

YORICK.—Me prometía hallar alivio con el aire del campo, mas salió vana mi esperanza.

WALTON.—¿Qué? ¿Te sientes malo? *(Con gozo que no puede reprimir.)*

YORICK.—Siento un malestar, una desazón...

WALTON.—A ver, a ver... *(Tocándole la frente y las manos.)* Estás ardiendo. Sí, creo que tienes calentura.

YORICK.—Posible es.

WALTON.—¿Por qué no envías un recado a Guillermo?

YORICK.—¿A Guillermo? *(Con enfado y levantándose de pronto.)* ¿Para qué?

WALTON.—Quizá no puedas trabajar esta noche: tal vez

---

[42] *enhorabuena* denota en este caso 'aprobación' o 'conformidad'

haya que suspender la función... *(Con afectada solicitud.)*

YORICK.—No es mi mal para tanto.

WALTON.—Dejémonos de niñerías; yo mismo iré en busca de Guillermo, y... *(Dando algunos pasos hacia el foro.)*

YORICK —Te digo que no quiero ver a Guillermo. Te digo que he de trabajar.

WALTON.—¡Como esperas alcanzar un triunfo esta noche!... *(Con ironía, volviendo a su lado.)*

YORICK.—Un triunfo... sí, un triunfo... *(Como si estuviera pensando en otra cosa.)* Walton... *(Sin atreverse a continuar.)*

WALTON.—¿Qué? *(Con desabrimiento)*

YORICK.—Walton...

WALTON.—Así me llamo.

YORICK.—No te burles de mí. *(Desconcertado.)*

WALTON —Lelo pareces, a fe mía.

YORICK.—Has de saber que tengo un defecto de que nunca puedo corregirme.

WALTON.—¿Uno solo? Dichoso tú.

YORICK.—Me domina la curiosidad.

WALTON.—Adán y Eva fueron los padres del género humano [43]

YORICK.—Verás. Hablabais esta mañana Guillermo y tú en un rincón muy oscuro del escenario y, acercándome yo casualmente a vosotros, oí que decías...

WALTON.—¿Qué?

YORICK. *(Se turba.)*—Oí que decías: «Yo no he faltado a mi promesa: Yorick nada sabe por mí.»

WALTON.—¿Conque oíste?... [44]

---

[43] «Adán y Eva fueron los padres del género humano» y sintieron *curiosidad* por probar la fruta del árbol de la ciencia del bien y del mal *(Génesis,* III, 1-7). Por tanto, sus descendientes hemos heredado esa condición.

[44] «*¿Conque* oíste?» *Conque* es una conjunción ilativa, muy empleada por el lenguaje coloquial en el uso aquí presente, que sirve para apoyar o aseverar la significación del siguiente vocablo. Nótese la abundancia de su empleo en esta obra.

YORICK.—Lo que acabo de repetir nada más.

WALTON.—¿Y qué?

YORICK.—Que como soy tan curioso, anhelo averiguar qué es lo que Guillermo te ha exigido que no reveles.

WALTON.—Pues con efecto [45], eres muy curioso.

YORICK.—Advirtiéndotelo empecé.

WALTON.—Tienes, además, otra flaqueza.

YORICK.—¿Cuál?

WALTON.—La de soñar despierto.

YORICK.—¿De qué lo infieres?

WALTON.—De que supones haberme oído pronunciar palabras que no han salido de mis labios.

YORICK.—¿Que no?

WALTON.—Que no.

YORICK.—Brujería parece.

WALTON.—Y, si no mandas algo más... *(Yendo a coger el sombrero.)*

YORICK.—(No saldré de mi duda.) Walton.

WALTON.—¿Me llamas? *(Dando algunos pasos hacia Yorick con el sombrero en la mano.)*

YORICK.—Sí; para darte la enhorabuena.

WALTON.—¿Por qué?

YORICK.—Porque mientes muy mal.

WALTON.—Ni bien ni mal: no miento.

YORICK.—¡Mientes! *(Con repentina cólera.)*

WALTON.—¡Yorick!

YORICK.—¡Mientes!

WALTON.—Pero ¿has perdido la razón?

YORICK.—Cuando digo que mientes, claro está que no la he perdido.

WALTON.—Daré yo prueba de cordura, volviéndote la espalda.

YORICK.—No te irás sin decirme lo que has ofrecido callar. *(En tono de amenaza.)*

WALTON.—Pues si he ofrecido callarlo, ¿cómo quieres que te lo diga? *(Sin poder contenerse.)*

YORICK.—¡Ah! ¿Conque no soñé? ¿Conque real y posi-

---

[45] *con efecto,* 'en efecto'. (Se repite en la siguiente escena.)

tivamente oí las palabras que negabas antes haber pronunciado?

WALTON.—Déjame en paz. Adiós.

YORICK.—Walton, habla, por piedad.

WALTON.—Yorick, por piedad, no hablaré.

YORICK.—Luego ¿es una desgracia lo que se me oculta?

WALTON.—¡Si pudieses adivinar cuán temeraria es tu porfía, y cuán heroica mi resistencia!

YORICK.—Por quien soy, que has de hablar.

WALTON.—Por quien soy, que merecías que hablase.

YORICK.—Di.

WALTON.—¡Ah! *(Resuelto a decir lo que se le pregunta.)* No. *(Cambiando de resolución.)*

YORICK.—¿No?

WALTON.—No. *(Con frialdad.)*

YORICK.—Media hora te doy para que lo pienses.

WALTON.—¿Me amenazas?

YORICK.—Creo que sí.

WALTON.—¡Oiga! [46]

YORICK.—Dentro de media hora te buscaré para saber tu última resolución.

WALTON.—¿Y si no me encuentras?

YORICK.—Diré que tienes miedo.

WALTON.—¿De quién? ¿De ti?

YORICK.—De mí.

WALTON.—Aquí estaré dentro de media hora.

YORICK.—¿Vendrás?

WALTON.—Tenlo por seguro.

YORICK.—¿A revelarme al fin lo que ahora me callas?

WALTON.—No; sino a ver qué haces cuando nuevamente me niegue a satisfacer tu curiosidad.

YORICK.—Malo es jugar con fuego; peor mil veces jugar con la desesperación de un hombre.

WALTON.—¿Desesperado estás?

YORICK.—Déjame.

WALTON.—Sin tardanza. ¿Somos amigos todavía?

YORICK.—No... Sí...

---

[46] Exclamación irónica del que no hace caso de amenazas.

WALTON.—¿Sí o no?

YORICK.—No.

WALTON.—Excuso entonces darte la mano.

YORICK.—Lo seremos toda la vida, si cambias de propósito.

WALTON.—Hasta dentro de media hora, Yorick.

YORICK.—Walton, hasta dentro de media hora.

WALTON.—Dios te guarde, Edmundo. (*Saludando a* EDMUNDO, *que sale por la puerta del foro.*)

EDMUNDO.—Y a ti. (*Con sequedad.*)

WALTON.—(Empeñándose él en saberlo, me será más fácil callar.) (*Vase por el foro.*)

ESCENA III

YORICK y EDMUNDO

(*Yorik anda de un lado a otro del escenario, manifestando irrefrenable desasosiego.*)

YORICK.—Hola, señor Edmundo, ¿por qué milagro se os ve al fin aquí?

EDMUNDO.—Como esta mañana me habéis reprendido porque no vengo.

YORICK.—Y vienes porque te he reprendido, ¿eh? ¿Solamente por eso?

EDMUNDO.—No... Quiero decir... (*Turbado.*)

YORICK.—No te canses en meditar una disculpa.

EDMUNDO.—Me parece que estáis preocupado..., inquieto... Sin duda, el estreno de la comedia... (*Buscando algo que decir.*)

YORICK.—El estreno de la comedia... Ciertamente... Eso es... (*Hablando maquinalmente, abstraído en su meditación. Sigue andando en varias direcciones con paso, ora lento, ora muy precipitado; a veces se para; siéntase a veces en la silla que ve más cerca de sí, demostrando en todas sus acciones la ugitación que le domina.)*

EDMUNDO.—Por lo que a vos hace, sin embargo, nada debéis temer. El público os ama ciegamente... Esta noche, como siempre, recompensará vuestro mérito... y... *(Notando que no se le escucha, deja de hablar; se sienta y contempla con zozobra a* YORICK, *que sigue andando por el escenario. Pausa.)*

YORICK.—¿Qué decías? Habla... Te oigo. *(Sin detenerse.)*

EDMUNDO.—(Todo lo sabrá al fin. No hay remedio.)

YORICK.—¿No hablas?

EDMUNDO.—Sí, señor... Decía que el drama de esta noche...

YORICK.—No me has preguntado por Alicia. ¿Por qué no me has preguntado por ella? *(Parándose de pronto delante de* EDMUNDO.)

EDMUNDO.—Habiéndola visto en el ensayo de esta mañana...

YORICK.—Sí..., es verdad... *(Anda otra vez por el escenario.)*

EDMUNDO.—(Crecían sus dudas por instantes; han llegado a lo sumo.)

YORICK.—¿Conque la función de esta noche?...

EDMUNDO.—Me parece que agradará. Tiene interés y movimiento; es obra de autor desconocido, a quien no hará guerra la envidia.

YORICK.—No puede ser. *(Hablando consigo mismo y dando una patada en el suelo.)*

EDMUNDO.—¡Oh! *(Levantándose.)*

YORICK.—¿Qué? ¿He dicho algo? Suelen estos días escaparse de mis labios palabras cuyo sentido ignoro. No ando bien estos días. *(Tocándose la frente.)*

EDMUNDO.—¿Estáis enfermo? ¿Qué tenéis? *(Con ternura, acercándose a él.)*

YORICK.—Un papel tan largo y difícil..., los ensayos..., el estudio excesivo... Pero no hay que temer. Esto pasará... Ya pasó [47]. Charlemos aquí los dos solos un

---

[47] *ya pasó,* por 'ha pasado', es un uso verbal poético de in-

rato. *(Sentándose en la mesa.)* Hablábamos... ¿De qué?... ¡Ah, sí, el drama nuevo! A ti, por lo visto en los ensayos, no te agrada mucho tu papel. ¿Y Alicia? ¿Cómo la encuentras en el suyo de esposa desleal?

EDMUNDO.—Bien...; muy bien.

YORICK.—Bien, ¿eh? *(Impetuosamente, saltando de la mesa al suelo.)*

EDMUNDO.—Sí, señor...; yo creo...

YORICK.—Y ya ves cuánto me alegro de que tú... *(Conteniéndose y disimulando.)* Edmundo, ven acá. *(Tomando de pronto una resolución y acercándole mucho a sí.)* Dime: ¿sentiste alguna vez estallar en tu corazón tempestad furiosa? ¿Pudiste durante mucho tiempo evitar que se vieran sus relámpagos, que se oyeran sus truenos? ¿Es posible padecer y callar? ¿No arranca por fin el dolor ayes lastimeros al más sufrido y valeroso? ¿Hará bien la desgracia en dejarse agobiar de carga irresistible sin pedir ayuda a la amistad? ¿Y no eres tú mi hijo, el hijo de mi alma? [48]

EDMUNDO.—¡Oh, sí! ¡Vuestro hijo! *(Abrazándole.)*

YORICK.—Quiere mucho a tu padre. ¡Ay, tengo ahora tanta necesidad de que alguien me quiera! Porque sábelo, Edmundo: Alicia... ¡Oh, cuál se niegan mis labios a pronunciar estas palabras! ¡Y si a lo menos pudiese decirlas sin que llegaran a mis oídos! ¡Alicia no me ama!

EDMUNDO.—¡Cielos!

YORICK.—¿Ves qué horrorosa desventura? Parece imposible que haya desventura mayor. Parece imposible, ¿no es verdad? Pues oye: ¡Alicia ama a otro! Ahí tienes una desventura mayor; ahí la tienes. *(Muy conmovido.)*

EDMUNDO.—Pero sin duda os engañáis. ¿Cómo sabéis que

---

tensificación, bien estudiado por Bello en el § 718 de su *Gramática;* en su virtud, la lengua castellana establece el valor de la forma latina original en su pretérito perfecto, que abrazaba los dos significados actuales del pretérito perfecto y del indefinido.

[48] Acumulación de interrogaciones retóricas, afectada expresión del ánimo conturbado.

vuestra esposa?... ¿Quién os da inducido a creerlo? *(Con ira en esta última frase.)*

YORICK.—Al oír que le llamaba esposa infiel, con palabras de esa maldita comedia [49] que le sonaron a verdad, sobrecogióse de modo que llegó a perder el sentido.

EDMUNDO.—¿Qué mucho, si es tan delicada y sensible que al más leve ruido inesperado se conmueve y altera? Ya os lo dijo Guillermo.

YORICK.—Ciertamente que me lo dijo. *(Con ironía.)* Alicia, al desmayarse, pidió perdón.

EDMUNDO.—Turbada por la voz acusadora, su mente, como ciega máquina, siguió el impulso recibido. Guillermo os lo dijo también.

YORICK.—También me lo dijo, en efecto. *(Con ironía, como antes.)* Pero en mi pecho quedó leve espina; espina que fue muy pronto clavo encendido. Yo antes nada veía, en nada reparaba. Como la luz del sol, deslumbra la luz de la felicidad: Nublado el cielo de mi dicha, todo lo vi claro y distinto. Recordé un sí ardiente como el amor y otro sí tibio como la gratitud [50], únicamente con el amor hace el amor nudo que no se rompa. Recordé lágrimas a deshora vertidas, zozobras y temores sin razón aparente. Parecióme ella más joven y hechicera que nunca; hallé en mí con asombro fealdad y vejez. Ahora, a cada momento, reciben nuevo pábulo mis sospechas, porque ya Alicia ni siquiera intenta disimular ni fingir; el peso de la culpa anonada la voluntad. Cuando la miro se agita y conmueve, co-

---

[49] Cfr. nota 40. Hay que advertir que, según la tradición clásica española, *comedia* puede significar obra dramática en general, sin atender al contenido trágico o cómico. Cervantes denominó *comedia* a la tragedia *Numancia*, y Lope de Vega escribió su *Arte nuevo de hacer comedias* con referencia a las piezas teatrales, cualquiera que fuese su carácter. De acuerdo con esta costumbre, veremos empleada la palabra *comedia* repetidas veces, con este sentido genérico, en el tercer acto.

[50] Con el ejemplo de *El sí de las niñas*, de Leandro Fernández de Moratín, Tamayo hace recordar a Yorick «un sí ardiente como el amor» (el suyo) y «otro sí tibio como la gratitud» (el de Alicia en la boda).

mo si las miradas que le dirijo tuviesen virtud sobrenatural para penetrar en su corazón a modo de flechas punzadoras. Nunca me habla sin que su labio tembloroso revele el temblor de la conciencia. ¿Asómase alguna vez a sus ojos lágrima rebelde? ¡Oh, cuál pugna por encerrarla de nuevo dentro de sí, y qué angustioso es contemplar aquella lágrima, haciéndose cada vez mayor en el párpado que la sujeta! ¿Quiere reírse alguna vez? Su risa es más triste que su llanto. ¡Oh, sí, Edmundo: lo juraría delante de Dios; Alicia esconde secreto abominable en su pecho! De ello me he convencido al fin con espanto; con espanto mayor que me causaría ver abrirse repentinamente el azul purísimo de los cielos y detrás de él aparecer tinieblas y horrores infernales. ¿Quién es el ladrón de mi ventura? ¿Quién el ladrón de su inocencia? Responde. No me digas que no lo sabes; fuera inútil, no te creería. ¿Quién es? ¿No hablas? ¿No quieres hablar? Dios mío, ¿qué mundo es éste, donde tantos cómplices halla siempre el delito? [51]

EDMUNDO.—Veros padecer tan cruel amargura me deja sin fuerzas ni aun para despegar los labios. Repito que sospecháis sin fundamento, que yo nada sé...

YORICK.—¿Por qué has sido siempre desdeñoso con Alicia? ¿Por qué has dejado de frecuentar esta casa? Por-

----

[51] «¿Qué mundo es éste donde tantos cómplices halla siempre el delito?» Es un pensamiento que Tamayo había de desarrollar en su última creación. Cfr.:

DAMIÁN.—Mire usted: el síntoma funesto de las sociedades modernas no es que en ellas haya tunantes; siempre los ha habido. El síntoma funesto es que no haya hombres de bien.
D. LORENZO.—¡Qué exageración!
DAMIÁN.—Sí, hombres de bien vergonzantes, que ni siquiera se atreven a serlo a cara descubierta; que rechazando con espanto el papel de actores, aceptan gustosos el de *cómplices en las obras de iniquidad*... Bribones activos y pasivos: unos que hacen y otros que dejan hacer...

(Los hombres de bien, acto 1.º, escena IV.)

que sabías que esa mujer engañaba a tu padre; porque no querías autorizar con tu presencia mi ignominia.

EDMUNDO.—¡Oh, no lo creáis!... ¡Qué funesta ilusión!

YORICK.—Si te digo que ya empiezo a ver claro, que ya voy entendiendo todo. ¿Ignoras quién es mi rival? Ayúdame a buscarlo. ¿Será Walton quizá?

EDMUNDO.—¿Cómo os atrevéis a imaginar siquiera?... (Con indignación.)

YORICK.—No te canses de disuadirme. No es Walton; de fijo que no. Desechado. ¿Será acaso lord Stanley? [52]

EDMUNDO.—¿Lord Stanley? ¿Porque la otra noche habló con ella un momento?...

YORICK.—Calla, no prosigas. Tampoco es ése, tampoco. Ya me lo figuraba yo. ¿Será el conde de Southampton, el amigo de Shakespeare? [53] (Pronunciando con dificultad este último nombre.)

EDMUNDO.—Ved que estáis delirando.

YORICK.—Entonces, ¿quién es? Sí; no hay duda; será quien yo menos querría que fuese. No basta la traición de la esposa; habré de llorar también la traición del amigo.

EDMUNDO.—No sospechéis de nadie. Ese rival no existe. Alicia no es culpada.

YORICK.—A bien que ahora mismo voy a salir de duda... Si es culpada o no, ahora mismo voy a saberlo. (Dirigiéndose hacia la puerta de la izquierda.)

---

[52] Lord Stanley es un aristócrata inglés de la era isabelina, mencionado aquí para dar color de época al drama. Sir Thomas Stanley of Cumberlow fue padre del poeta y filósofo Thomas Stanley, de gran cultura clásica, autor de poemas mitológicos y traductor al inglés de nuestro comediógrafo Juan Pérez de Montalbán, discípulo de Lope.

[53] Henry Wriothesley, tercer conde de Southampton (1573-1624), graduado en Cambridge, fue un magnate muy culto y político activo, generoso protector de artistas y poetas. Junto al conde de Essex, tomó parte en el saqueo de Cádiz (1596) y en la expedición a las Azores (1597); fue gobernador de Virginia y luchó contra los españoles en los Países Bajos. Shakespeare le dedicó dos poemas, «Venus y Adonis» (1593) y «Lucrecia» (1594), y quizá su colección de sonetos.

EDMUNDO.—¿Qué intentáis?

YORICK.—Nada. *(Volviendo al lado de* EDMUNDO.*)* La cosa más natural del mundo: preguntárselo a ella.

EDMUNDO.—¡Eso no! *(Horrorizado.)*

YORICK.—¿Cómo que no? ¿Puedo yo hacer más que fiarme de su palabra?

EDMUNDO.—Pero ¿y si la acusáis sin motivo? ¿Y si es inocente?

YORICK.—Si es inocente, ¿por qué tiembla? ¿Por qué tiemblo yo? ¿Por qué tiemblas tú?

EDMUNDO.—El tiempo aclarará vuestras dudas.

YORICK.—El tiempo que se mide por la imaginación del hombre, detiénese a veces, poniendo en confusión y espanto a las almas con anticipada eternidad. Días ha [54] que el tiempo no corre para mí. Quiero volver a la existencia.

EDMUNDO.—Esperad otro día, otro día no más. *(Asiéndole una mano.)*

YORICK.—¡Ni un día más, ni una hora más, ni un instante más! ¡Suelta! *(Procurando desasirse de* EDMUNDO.*)*

EDMUNDO.—No lo esperéis.

YORICK.—¡Qué obstinación tan insufrible! ¡Vaya si es terco el mozo! *(Forcejeando para desprender de la suya la mano de* EDMUNDO.*)*

EDMUNDO.—¡Escuchad!

YORICK.—¡Y necio por añadidura! Aparta. *(Haciendo un violento esfuerzo, con el cual logra desprenderse de* EDMUNDO.*)*

EDMUNDO.—¡Oh!

YORICK.—¡Si no hay remedio!… ¡Si he de saberlo todo! *(Con furor.)*

EDMUNDO.—¡Piedad!

YORICK.—¡Si no quiero tener piedad! *(Cambiando de tono y con voz lacrimosa. Vase por la puerta de la izquierda.)*

---

[54] *días ha…* Cfr. notas 22, 33 y 35. El pensamiento que le precede es de sesgo shakespeariano.

Escena IV

Edmundo y Alicia

EDMUNDO.—¡Cielo implacable! ¡Oh! *(Viendo aparecer a* ALICIA *muy abatida y acongojada por entre la colgadura que cubre la puerta de la derecha. Breve pausa, después de la cual* EDMUNDO *corre al lado de* ALICIA, *que habrá permanecido inmóvil, y la trae al proscenio.)* ¿Has oído?

ALICIA.—Sí.

EDMUNDO.—Mañana al amanecer, se hace a la vela para clima remoto un bajel cuyo capitán es mi amigo. Huyamos. *(En voz baja y muy de prisa.)*

ALICIA.—No.

EDMUNDO.—De aquí a la noche quedarían dispuestos los medios de fuga.

ALICIA.—No.

EDMUNDO.—Si de otro modo no fuera posible comunicártelos, en el teatro recibirías luego una carta y por ella sabrías el término de mi solicitud y lo que uno y otro deberíamos hacer.

ALICIA.—No.

EDMUNDO.—Tu marido va a descubrirlo todo.

ALICIA.—¡Cúmplase la voluntad del cielo!

EDMUNDO.—¿Y qué será de ti?

ALICIA—¡Bah!

EDMUNDO.—¿Qué será de los dos?

ALICIA.—Huye tú.

EDMUNDO.—¿Solo? ¡Nunca!

ALICIA.—Huye.

EDMUNDO.—Contigo.

ALICIA.—¡Mil veces no!

YORICK.—¡Alicia! ¡Alicia! *(Dentro, llamándola.* ALICIA *se conmueve.)*

EDMUNDO.—¿Lo ves? Ya no alientas; ya no puedes tenerte en pie.

ALICIA.—¡Me busca! *(Con terror.)*

EDMUNDO.—Para preguntarte si eres culpada. ¿Qué le responderás?

ALICIA.—¿Qué le he de responder? ¡Que sí! *(Con firmeza.)*

EDMUNDO.—¿Y después?

ALICIA.—¿Después?... ¿Crees tú que será capaz de matarme? *(Como animada de una esperanza lisonjera.)* ¡Oh, si me matara!... *(Manifestando alegría.)*

EDMUNDO.—Su furia o tu propio dolor darán fin a tu vida.

ALICIA.—¿De veras? ¡Qué felicidad!

EDMUNDO.—Y no buscas sólo tu muerte, sino también la mía.

ALICIA.—¡La tuya! *(Con pena y sobresalto.)*

YORICK.—¡Alicia! *(Dentro, más cerca.)*

EDMUNDO.—Ya viene.

ALICIA.—Callaré..., fingiré... Ea, impudencia [55], dame tu serenidad, y con ella búrlese el reo de su juez. No puedo ser más desdichada; pero no temas, no temas; aún puedo ser más despreciable.

YORICK.—¡Alicia!

ALICIA.—Aquí estoy. Aquí me tenéis. *(Yendo hacia donde suena la voz de YORICK.)*

EDMUNDO.—Aguarda. *(YORICK sale por la puerta de la izquierda.)*

---

[55] *impudencia,* 'carencia de pudor, desvergüenza'. Cultismo inadecuado en la conversación ordinaria.

Escena V

Dichos y Yorick

Yorick.—¡Ah! *(Turbándose al ver a* Alicia.*)*

Alicia.—Me buscáis, yo a vos, y parece que andamos huyendo el uno del otro. *(Sonriéndose y aparentando serenidad.)*

Yorick.—(¿Está ahora alegre esta mujer?) Tengo que hablar un momento a solas con Alicia. Espérame en mi cuarto. *(A* Edmundo.*)*

Edmundo.—(La defenderé si es preciso.) *(Vase por la puerta de la derecha.)*

Escena VI

Yorick y Alicia

*(*Yorick *contempla unos instantes a* Alicia *en silencio. Luego se sienta en el escaño.)*

Yorick.—Ven, Alicia; ven. (Alicia *da algunos pasos hacia él.)* Acércate más. (Alicia *se acerca más a* Yorick.) Siéntate a mi lado. ¿Acaso tienes miedo de mí?

Alicia.—¿Miedo? ¿Por qué? *(Sentándose al lado de* Yorick.*)*

Yorick.—(Parece otra.)

Alicia.—¿Qué me queréis? (Yorick *se levanta.)*

Yorick.—(Ella serena, yo turbado... Aquí hay un delincuente. ¿Lo es ella? ¿Lo soy yo?)

Alicia.—(Las fuerzas me abandonan.) (Yorick *se sienta otra vez.)*

YORICK.—Alicia, el hombre, por lo regular, se despierta amando a la primera luz de la juventud; corre luego desalentado en pos del goce que mira delante de sí, y, como en espinosas zarzas del camino de la vida, enrédase en uno y otro amorío, fútil o vergonzoso, dejando en cada uno de ellos un pedazo del corazón. Íntegro y puro estaba el mío cuando te vi y te amé. Y ¡oh, qué viva la fuerza del amor sentido en el otoño de la existencia, cuando antes no se amó, cuando ya no es posible amar otra vez! Así te amo yo, Alicia. ¿Me amas tú como tú me puedes amar? Responde.

ALICIA.—Yo... Ciertamente... Os debo tantos beneficios...

YORICK.—¡Beneficios! ¡Si no hablamos de beneficios ahora!... ¿Me amas?

ALICIA.—¿No lo sabéis? ¿No soy vuestra esposa?

YORICK.—¿Me amas?

ALICIA.—Sí, señor, sí. Os amo.

YORICK.—¿De veras? ¿Sí? ¿Debo creerlo? *(Con íntimo gozo.)* Por Dios, que me digas la verdad. ¿No amas a nadie sino a mí? ¿A nadie?

ALICIA.—¿Qué me preguntáis? *(Asustada y queriendo levantarse.)*

YORICK.—¿No amas a otro? *(Con energía y deteniéndola.)*

ALICIA.—No, señor; no...

YORICK.—Mira que pienso que me engañas. ¡Ah! *(Concibiendo esperanza halagüeña.)* Quizá ames a otro y no hayas declarado tu amor todavía. Siendo así, no vaciles en confesármelo. Humildemente aceptaría yo el castigo de haber codiciado para esposa a quien pudiera ser mi hija; no con severidad de marido, sino con blandura de padre, escucharía tu confesión; te haría ver la diferencia que hay entre el amor adúltero, que regocija a los infiernos, y el conyugal amor, que tiene guardadas en el cielo palmas y coronas; redoblaría mis atenciones y finezas para contigo, mostrándote engalanado mi afecto con atractivos a cual más dulce y poderoso; continuamente elevaría súplicas al que todo lo puede para que no te dejase de la mano; y no lo dudes, gloria mía, luz de mis ojos; no lo dudes, Alicia de mis entrañas, conseguiría al fin vencer a mi rival, ganarme todo tu corazón, volverte a la senda del honor y la dicha; porque tú eres buena; tu pecho, noble y generoso; caerás en falta por error, no con deliberado propósito; y conociendo la fealdad del crimen, huirías de él horrorizada, y conociendo mi cariño... ¡Ay, hija mía, créelo!, a quien tanto quiere, algo se le puede querer.

ALICIA.—(Me falta aire que respirar; se me acaba la vida.)

YORICK.—¿Nada me dices? ¿Callas? ¿Amas y has declarado ya tu amor? Pues no me lo ocultes. Quiere la justicia que sea castigada la culpa. No debe quedar impune la mujer que afrenta a su marido... Y si este marido no tiene más afán que evitar a su esposa el menor disgusto, ni más felicidad que adorarla, ni más existencia que la que de ella recibe; si para ese infeliz ha de ser todo uno perder el afecto de su esposa y morir desesperado; y ella lo sabe y le condena a padecer las penas del infierno en esta vida y en la otra... ¡Oh, entonces la iniquidad es tan grande, que la mente no la puede abarcar; tan grande, que parece mentira!... No, si yo no creo que tú... ¡Conmigo tal infamia! ¡Conmigo! ¿Tú haber sido capaz? No..., no... Si digo que no lo creo... No puedo creerlo... ¡No lo quiero creer! (*Cubriéndose el rostro con las manos y llorando a lágrima viva.* ALICIA, *mientras habla* YORICK, *da señales de ansiedad y dolor cada vez más profundos; quiere en más de una ocasión levantarse, y no lo hace porque su marido la detiene; vencida, al fin de la emoción, va dejándose caer al suelo poco a poco, hasta quedar arrodillada delante de* YORICK. *Al ver éste, cuando se quita las manos de los ojos, que* ALICIA *está arrodillada, se aparta de ella con furor.*) ¡Arrodillada! (ALICIA *apoya la cabeza en el escaño, dando la espalda al público.*) ¡Arrodillada!

Si fuera inocente, no se arrodillaría. ¿Conque no me engañé? ¡Infame! (*Va rápidamente hacia su mujer con aire amenazador. Viendo que no se mueve, se detiene un instante y luego se acerca a ella con expresión enteramente contraria.*) ¿Qué es eso? ¿Qué tienes? (*Levantándole la cabeza y poniéndole una mano en la frente.*) Desahógate... Llora... (ALICIA *prorrumpe en congojoso llanto.*) ¿Te me [56] vas a morir?... Pero ¿qué estoy yo haciendo? (*Reprimiéndose.*) ¿Qué me importa a mí que se muera? (*Con nueva indignación, separándose de* ALICIA.) No, no se morirá. ¡Mentira su dolor! ¡Mentira su llanto! ¡Mentira todo! Es mujer.

ALICIA.—¡Ay! (*Falta de respiración y cayendo al suelo desplomada.*)

YORICK.—¡Alicia! (*Corriendo otra vez hacia ella sobresaltado.*) ¡Alicia! Ea, se acabó... Sosiégate... Mañana veremos lo que se ha de hacer... Hoy, fuerza es pensar en otras cosas. El drama de esta noche... Alicia, vuelve en ti... ¡Alienta, por Dios! (SHAKESPEARE *aparece en la puerta del foro.* YORICK *se incorpora de pronto y se pone delante de su mujer como para ocultarla.*) ¡Eh! ¿Quién es? ¿Que se ofrece? ¿Por qué entra nadie aquí?

ESCENA VII

DICHOS y SHAKESPEARE

SHAKESPEARE.—¿Tan ciego estás que no me conoces?

YORICK.—¡Shakespeare! ¡Él!

SHAKESPEARE.—Levanta, Alicia. (*Acercándose a ella.*)

---

[56] «¿Te *me* vas a morir?» *Me* es aquí dativo ético, de interés o simpatético; denota el vivo interés en la significación de la perífrasis verbal a que precede. Vid. nota 11.

YORICK.—¡No la toques!

SHAKESPEARE.—Desde que te has aficionado al género trágico [57], no se te puede tolerar. *(Hace que se levante* ALICIA, *la cual queda apoyada en él, sin dejar de sollozar angustiosamente.)*

YORICK.—¿No te he dicho que no la toques? *(Acercándose a su mujer.)*

SHAKESPEARE.—Aparta. *(Con gran calma, alargando un brazo para detenerle.)*

YORICK.—¿Estoy soñando?

SHAKESPEARE.—Yo juraría que sí, o más bien que estás ebrio o demente. Vamos a tu aposento, Alicia. *(Dirígese lentamente con ella hacia la puerta de la izquierda.)*

YORICK.—¡Qué! ¿Tú? *(Siguiéndolos.)*

SHAKESPEARE.—Aguarda un poco. *(Deteniéndose.)* Ya hablaremos los dos.

YORICK.—¿Eres piedra insensible con apariencia humana?

SHAKESPEARE.—¿Eres mujer con aspecto de hombre? [58] *(Echa a andar otra vez.)*

YORICK.—¡He dicho ya que Alicia no ha de separarse de mí! *(Recobrando su vigor y yendo hacia su mujer como para separarla de* SHAKESPEARE. *Éste, dejando a* ALICIA, *que se apoya en la mesa con ambas manos, impele a* YORICK *hacia el proscenio con imponente serenidad y mirándole atentamente a los ojos.)*

SHAKESPEARE.—¡He dicho ya que aguardes un poco! *(Vuelve pausadamente al lado de* ALICIA *y se va con ella por la puerta que antes se indicó, sin apartar un solo momento la mirada de* YORICK, *el cual permanece inmóvil, lleno de estupor.)*

---

[57] Adviértase el marcado carácter irónico de la exclamación de Shakespeare. (Vid nota 41).

[58] Nótese la correlación de esta pregunta con la anterior. Ya hemos señalado una mayor complicación de estos artificios retóricos en la escena VI del acto primero.

Escena VIII

Yorick

(Llévase, después de breve pausa, una mano a la frente y mira en torno suyo, como si despertase de un sueño.)

Yorick.—¿Qué es esto? ¿Se ha convertido la realidad de la vida en comedia maravillosa, cuyo desenlace no se puede prever?[59] ¿Soy víctima de oscura maquinación de brujas, duendes o demonios?... ¡Shakespeare!... Sí, no hay duda... No, no; ¡imposible! ¡Qué angustia vivir siempre en tinieblas! ¡La luz, Dios eterno; la luz! ¡Y se ha ido con ella! ¡Están juntos!... ¡Condenación! ¡Yo los separaré! *(Dirigiéndose a la puerta por donde se fueron* Shakespeare *y* Alicia.*)*

Escena IX

Yorick y Walton

Walton.—Ya es tiempo; aquí me tienes. *(Al aparecer en la puerta del foro.)*

Yorick.—¡Oh, que es Walton! Bien venido, Walton;

---

[59] La vida humana considerada como una comedia es un pensamiento muy repetido, procedente de la filosofía estoica de Epicteto y Séneca. Muchos ejemplos se podrían aducir, pero baste uno de Quevedo: «No olvides que es comedia nuestra vida / y teatro de farsa el mundo todo, / que muda el aparato por instantes, / y que todos en él somos farsantes; / acuérdate que Dios, de esta comedia / de argumento tan grande y tan difuso, / es autor que la hizo y la compuso...» *(Epicteto y Focílides en español con consonantes,* 1635.) Calderón de la Barca llevó esta idea al más famoso de sus autos sacramentales: *El gran Teatro del Mundo.*

muy bien venido. (*Aparentando extraordinaria joviali dad.*)

WALTON.—Bien hallado, Yorick.

YORICK.—Esto sí que es cumplir fielmente las promesas.

WALTON.—No las cumplo yo de otro modo.

YORICK.—Y, por supuesto, vendrás decidido a seguir ocultándome lo que deseo averiguar.

WALTON.—Por supuesto.

YORICK.—Sólo que, como antes te amenacé, querrás demostrar que no me tienes miedo.

WALTON.—Precisamente.

YORICK.—¡Así me gustan a mí los hombres! Pues no ha de haber riña entre nosotros. (*Poniéndole una mano en el hombro.*) Pelillos a la mar [60].

WALTON.—Como quieras. A fe que no esperaba que fueses tan razonable.

YORICK.—Si ya no hay necesidad de que tú a mí me cuentes nada. Soy yo, por lo contrario, quien te va a contar a ti un cuento muy gracioso.

WALTON.—¿Tú a mí?

YORICK.—Érase que se era [61] un mancebo de pocos años,

---

[60] *pelillos a la mar,* frase de origen popular infantil. Cervantes la utiliza en *El Quijote* (I parte, capítulo XXX) y en la novela ejemplar del *Coloquio de los perros.* Rodríguez Marín la comenta, explicando la práctica andaluza del juego infantil de donde procede: «los niños, por regla general, no son rencorosos, y hacen las paces con la misma facilidad con que riñeron. Y para hacerlas sinceras y durables está probado que no hay mejor cosa que ¡echar pelillos a la mar! Arráncase un pelo cada uno, y teniéndolos cogidos entre los dedos, dicen: «—¿Aonde va ese pelo? / —Ar viento. / —¿Y er viento? / —A la ma. / —Pos ya la guerra 'stá acabá.» Dicho lo cual, hacen volar de un soplo los dos pelos y se ponen a jugar como si tal enemistad no hubiera existido.» En el *Diccionario etimológico* de Corominas, para explicar esta locución se nos remite a la obra de Llano Roza de Ampudia, *Mitos, supersticiones costumbres,* 1922, pág. 142.

[61] Fórmula incoativa de los cuentos y consejas infantiles *érase que se era...* Sirve aquí de entrada a la propia historia de Walton, narrada en estilo impersonal. Quevedo parodió esta fórmula tan popular en el comienzo de una de sus poesías festivas: «Érase que se era / y es cuento gracioso / una viejecita / del tiempo de moros...»

todo vehemencia, todo fuego. Se enamoró perdida-
mente de una dama hermosísima. (WALTON *se estremece.*) Fue correspondido: ¡qué placer! Se casó: ¡gloria sin medida!

WALTON.—¿Adónde vas a parar? *(Muy turbado.)*

YORICK.—Disfrutaban en paz de tanta ventura, cuando
una noche, en que volvió a casa inopinadamente el
mancebo, cátate que halla a su mujer...

WALTON.—¡Es falso, es mentira! *(Impetuosamente, sin
poderse contener.)*

YORICK.—Cátate que halla a su mujer en los brazos de
un hombre.

WALTON.—¡Vive Cristo!

YORICK.—¡Vive Cristo! diría él, sin duda, porque no era
para menos el lance. Y figúrate qué diría después, al
averiguar que aquel hombre, señor de alta prosapia,
tenía de muy antiguo con su mujer tratos amorosos.

WALTON.—¡Es una vil calumnia! ¡Calla!

YORICK.—Resolvió tomar venganza de la esposa, y la
esposa desapareció por arte de magia para siempre.

WALTON.—¿Quieres callar?

YORICK.—Resolvió tomar venganza del amante, y el
amante hizo que sus criados le apalearan sin compasión.

WALTON.—Pero ¿todavía no callas? *(Ciego de ira, asiendo de un brazo a* YORICK.)

YORICK.—Pero ¿no hablas todavía? *(En el mismo tono
que* WALTON *y asiéndole de un brazo también.)* ¡Ja,
ja, ja! Parece que te ha gustado el cuentecillo. *(Rién-
dose.)* Hoy, el marido apaleado, con diverso oficio y
veinte años más de los que a la sazón tenía, lejano
el lugar de la ocurrencia, créela en hondo misterio sepultada; pero se engaña el mentecato. Sábese que lleva un nombre postizo para ocultar el verdadero, que
manchó la deshonra. *(Hablando de nuevo con energía.)*

WALTON.—¿Qué estás diciendo, Yorick?

YORICK.—No falta quien le señale con el dedo.

WALTON.—¡Oh, rabia!

YORICK.—Hay quien diga al verle pasar: «Ahí va un infame; porque el marido ultrajado que no se venga es un infame»[62].

WALTON.—Entonces, ¿quién más infame que tú?

YORICK.—¿Eh? ¿Cómo? ¿Es que ya hablas al fin? Sigue, explícate... Habla...

WALTON.—Yo, a lo menos, descubrí al punto el engaño.

YORICK.—¡Habla!

WALTON.—Yo, a lo menos, quise vengarme.

YORICK.—¿Y yo? Habla. ¿Y yo?

WALTON.—Tú eres ciego.

YORICK.—¡Habla!

WALTON.—Tú vives en paz con la deshonra.

YORICK.—¡Habla!

WALTON.—Tu mujer...

YORICK.—¿Mi mujer? Habla... ¡Calla, o vive Dios que te arranco la lengua!

WALTON.—¿Lo estás viendo? Eres más infame que yo.

YORICK.—¿Mi mujer...?

WALTON.—Te engaña.

YORICK.—¡Me engaña! A ver, pruébamelo. Tendrás, sin duda alguna, pruebas evidentes, más claras que la luz del sol. No se alza acusación tan horrible sin poderla justificar. Pues vengan esas pruebas, dámelas. ¿Qué tardas? ¿No tienes pruebas? ¡Qué las has de tener![63] ¡No las tienes! ¡Bien lo sabía yo! Este hombre osa decir que un ángel es un demonio, y quiere que se le crea por su palabra.

WALTON.—Repito que Alicia te es infiel.

YORICK.—Repito que lo pruebes. (*Acercándose mucho a él.*) Y si al momento no lo pruebas, di que has mentido; di que Alicia es honrada esposa; di que a nadie ama sino a mí; di que el mundo la respeta y la admi-

---

[62] Así lo disponía el inflexible código del honor, tal como se desprende de nuestra escena del Siglo de Oro. Vid. Menéndez Pidal, *Del honor en el teatro español,* en «De Cervantes y Lope de Vega». Buenos Aires, 1940. Y Américo Castro, *De la edad conflictiva: el drama de la honra en España y en su literatura,* Madrid, Taurus, 1961.

[63] *¡Qué las has de tener!,* exclamación de refuerzo negativo.

ra; di que los cielos, contemplándola, se recrean. ¡Dilo! ¡Si lo has de decir! [64]

WALTON.—Alicia tiene un amante.

YORICK.—¿Eso dices?

WALTON.—Sí.

YORICK.—¿Y no lo pruebas? ¡Ay de ti, villano, que no lo dirás otra vez. (*Lanzándose a* WALTON *como para ahogarlo.*)

ESCENA X

DICHOS, SHAKESPEARE, ALICIA y EDMUNDO

(SHAKESPEARE y ALICIA *salen por la izquierda;*
EDMUNDO, *por la derecha.*)

EDMUNDO.—¡Oh!

ALICIA.—¡Oh!

SHAKESPEARE.—Teneos. (*Poniéndose entre* YORICK y WALTON.)

WALTON.—¡Shakespeare! (*Confundido al verle.*)

SHAKESPEARE.—Faltar a una palabra es la mayor de las vilezas. (*Bajo a* WALTON, *con expresión muy viva.*)

WALTON.—¡Oh! (*Dejando ver el efecto que le han causado las palabras de* SHAKESPEARE. *Luego se dirige rápidamente al foro.*) Llorarás con lágrimas de sangre lo que acabas de hacer. (*A* YORICK. *Vase.*)

SHAKESPEARE.—¿Qué te ha dicho ese hombre?

YORICK.—Lo que de antemano sabía yo. Que mi mujer tiene un amante. ¡Ese amante eres tú!

SHAKESPEARE.—¡Yo!

ALICIA.—¡Dios santo!...

EDMUNDO.—¡Ah! (*Acercándose a* YORICK *como para hablarle.*)

---

[64] *si*, en principio de frase, para dar más fuerza a la petición. Cfr. notas 4, 21 y 28.

SHAKESPEARE.—¡Yo! ¡Insensato! *(Con ira.)* ¡Ja, ja, ja! *(Soltando una carcajada.)* ¡Vive Dios, que me hace reír!

YORICK.—¡No es él! ¿No eres tú? ¿No es el amigo quien me ofende y asesina? *(Con tierna emoción.)* Entonces algún consuelo tiene mi desventura. Temía dos traiciones. Una de ellas no existe. ¡Perdón, Guillermo; perdóname! ¡Soy tan desgraciado!

SHAKESPEARE.—Si eres desgraciado, ven aquí y llora sobre un pecho leal. *(Muy conmovido y con vehemencia.)*

YORICK.—¡Guillermo! ¡Guillermo de mi corazón! *(Arrojándose en sus brazos, anegado en lágrimas.)*

EDMUNDO.—¿Alicia...? *(En voz muy baja y lleno de terror.)*

ALICIA.—¡Sí! *(Con acento de desesperación.)*

EDMUNDO.—¡Mañana!

ALICIA.—¡Mañana! *(Vase EDMUNDO por el foro, y ALICIA por la derecha. YORICK y SHAKESPEARE siguen abrazados.)*

FIN DEL ACTO SEGUNDO

ACTO TERCERO

Primera parte

Cuarto de Yorick y Alicia en el teatro. Mesa larga, con tapete, dos espejos pequeños, utensilios de teatro y luces; dos perchas salientes, en las cuales penden cortinas que llegan hasta el suelo, cubriendo la ropa que hay colgada en ellas; algunas sillas; puerta a la derecha, que da al escenario.

Escena primera

El Autor y el Traspunte

(*Ambos salen por la puerta de la derecha; el* Traspunte, *con un manuscrito abierto en la mano y un melampo* [65] *con vela encendida.*)

Traspunte.—Aquí tendrá agua, de fijo, la señora Alicia.
Autor.—Sí; ahí veo una botella. (*Indicando una que hay en la mesa.*)
Traspunte.—Tomad. (*Echando agua de la botella en un vaso. El* Autor *bebe.*)

---

[65] *melampo* era el candelero de que se servía el traspunte en los viejos escenarios, antes de la luz eléctrica.

118

AUTOR.—¡Ay, respiro!... Tenía el corazón metido en un puño... La vista empezaba a turbárseme... ¡Tantas emociones!... ¡Tanta alegría!... ¡Uf!... *(Toma un papel de teatro de encima de la mesa y hácese aire con él.)* Conque dígame el señor Traspunte: ¿qué opina de mi drama?

TRASPUNTE.—¿Qué opino? ¡Vaya! ¡Cosa más bonita!... Y este último acto no gustará menos que los otros.

AUTOR.—Quiera el cielo que no os equivoquéis.

TRASPUNTE.—¡Qué me he de equivocar! [66] Si tengo yo un ojo... En el primer ensayo aseguré que vuestra comedia gustaría casi tanto como una de Shakespeare [67].

AUTOR.—¡Shakespeare!... ¡Oh, Shakespeare!... *(Con tono de afectado encarecimiento.)* Ciertamente que no faltará quien trate de hacerle sombra conmigo. Pero yo jamás creeré... No; jamás. Yo soy modesto..., muy modesto.

ESCENA II

DICHOS y EDMUNDO, éste en traje de Manfredo

EDMUNDO.—Dime, Tomás: ¿Alicia no se retira ya de la escena hasta que yo salgo?

TRASPUNTE.—Justo. *(Hojeando la comedia.)*

EDMUNDO.—¿Y yo me estoy en las tablas hasta el final?

TRASPUNTE.—¿Pues no lo sabéis?... *(Hojeando de nuevo la comedia.)*

EDMUNDO.—(Acabado el drama; será ya imposible hacer llegar a sus manos... ¡Qué fatalidad!) *(Dirigiéndose hacia la puerta.)*

---

[66] *¡Qué me he de equivocar!* Compárese con la exclamación comentada en la nota 63.

[67] *comedia,* dice aquí el Traspunte y luego el mismo autor por dos veces, aunque Edmundo diga *drama* en la siguiente escena. La doble denominación continúa a lo largo de este acto tercero, como ya lo señalamos en el anterior. (Cfr. nota 49.)

AUTOR.—A ver, señor Edmundo, cómo os portáis en la escena del desafío. La verdad; os encuentro..., así un poco..., pues... En los ensayos habéis estado mucho mejor. Conque ¿eh?...

EDMUNDO.—Sí, señor, sí... *(Se va, pensativo.)*

ESCENA III

El AUTOR *y el* TRASPUNTE; *en seguida,* WALTON. *Éste, en traje de Landolfo*

AUTOR.—Apenas se digna contestarme. Rómpase uno los cascos haciendo comedias como ésta, para que luego un comiquillo displicente...

WALTON.—¿Sale Edmundo de aquí? *(Al* TRASPUNTE.)

TRASPUNTE.—Sí, señor.

WALTON.—¿Qué quería?

TRASPUNTE.—Nada. Saber cuándo se retira de la escena la señora Alicia.

AUTOR.—¿Verdad, señor Walton, que Edmundo está representando bastante mal?

TRASPUNTE.—Algo debe sucederle esta noche.

AUTOR.—Con efecto, dos veces que he ido yo a su cuarto le he encontrado hablando con Dérvil en voz baja, y cuando me veían cambiaban de conversación. Debía prohibirse que los cómicos recibieran visitas en el teatro.

WALTON.—Y ese Dérvil, ¿quién es?

AUTOR.—El capitán de una embarcación que mañana debe hacerse a la vela.

TRASPUNTE.—Pues en cuanto [68] se fue el capitán, el señor Edmundo me pidió tintero y se puso a escribir una carta.

AUTOR.—¡Escribir cartas durante una representación de una comedia!

---

[68] «en cuanto» *se fue,* 'luego que', 'en seguida que', 'tan pronto como' se fue...

WALTON.—(Una carta... Una embarcación que se hará mañana a la vela...)

TRASPUNTE.—Y a propósito de carta: ahí va la que en este acto habéisla de sacar a la escena para dársela al Conde Octavio. (*Dándole un papel doblado en forma de carta.*)

WALTON.—Trae. (*Toma el papel y se lo guarda en un bolsillo del traje. Óyese un aplauso muy grande y rumores de aprobación.* WALTON *se inmuta.*)

AUTOR.—Eh, ¿qué tal? ¿Para quién habrá sido?

TRASPUNTE.—Toma. Para el señor Yorick. Apuesto algo a que ha sido para él. (*Vase corriendo.*)

ESCENA IV

WALTON y el AUTOR

AUTOR.—¡Cómo está ese hombre esta noche!... Cuando pienso que no quería que hiciese el papel de Conde, me daría de cabezadas contra la pared. Mas ya se ve; ¿quién había de imaginarse que un comediante acostumbrado sólo a representar papeles de bufón...? [69] De esta hecha se deja atrás a todos los actores del mundo. Si es mejor que vos.

WALTON.—¿De veras? (*Procurando disimular su enojo.*)

AUTOR.—Mucho mejor.

WALTON.—Y si tal es vuestra opinión, ¿os parece justo ni prudente decírmela a mí cara a cara? (*Cogiéndole de una mano con ira y trayéndole hacia el proscenio.*)

AUTOR.—Perdonad... (*Asustado.*) Creí... La gloria de un compañero...

---

[69] Tildando de «bufón» a Yorick nos recuerda el origen shakespeariano de este personaje (*Hamlet,* acto V, esc. 1.ª). «Grosero bufón», se llama a sí mismo Yorick, por despecho y repitiendo el juicio de Walton (acto I, escena 1.ª).

WALTON.—¡Sois un mentecato! *(Soltándole con ademán despreciativo.)*

AUTOR.—¿Cómo es eso?... ¿Mentecato yo?...

ESCENA V

DICHOS y el TRASPUNTE

TRASPUNTE.—Pues lo que yo decía: para él ha sido este último aplauso.

AUTOR.—(Se le come la envidia.) ¡Bravo, Yorick, bravo! *(Vase.)*

TRASPUNTE.—Y vos, ¿cómo juzgáis al señor Yorick?

WALTON.—Eres un buen muchacho; trabajas con celo y he de procurar que Shakespeare te aumente el salario.

TRASPUNTE.—¡Y qué bien que haríais! ya sabéis que tengo cuatro chiquillos... ¡Cuatro!

WALTON.—¿Conque preguntabas qué tal me ha parecido Yorick?

TRASPUNTE.—Sí, señor.

WALTON.—Y sepamos: ¿qué te parece a ti? *(Manifestándose muy afable con el TRASPUNTE.)*

TRASPUNTE.—¿A mí?

WALTON.—Sí, habla. Esta mañana decías que iba a hacerlo muy mal.

TRASPUNTE.—¡Y tanto como lo dije!

WALTON.—¿Luego crees...? *(Con gozo.)*

TRASPUNTE.—No creo; estoy seguro...

WALTON.—¿De qué?

TRASPUNTE.—De que dije una tontería.

WALTON.—¡Ah!...

TRASPUNTE.—Buen chasco nos ha dado. En el primer acto se conocía que estaba..., así..., algo aturdido; pero luego... ¡Cáspita, y qué bien ha sacado algunas escenas!... Sí, una vez me quedé embobado oyéndole, sin acordarme de dar salida a la dama; y a no ser porque el autor estaba a mi lado entre bastidores y me sacó de mi embobamiento con un buen grito, allí se acaba la comedia. Mirad, señor Walton: cuando os vi representar el Macbeth [70], creí que no se podía hacer nada mejor... Pues lo que es ahora...

WALTON.—Anda, anda... *(Interrumpiéndole.)* No vayas a caer en falta de nuevo.

TRASPUNTE.—¿Eh? *(Como asustado y hojeando la comedia.)* No; esta escena es muy larga. Se puede apostar que mientras esté en la compañía el señor Yorick, nadie sino él hará los mejores papeles. ¿Quién se los ha de disputar?

WALTON.—A fe que charlas por los codos.

TRASPUNTE.—Fue siempre muy hablador el entusiasmo. Y la verdad..., yo estoy entusiasmado con el señor Yorick. Todo el mundo lo está. Únicamente las partes principales [71] murmuran por lo bajo y le dan con disimulo alguna que otra dentellada. Envidia, y nada más que envidia.

WALTON.—¿Quieres dejarme en paz?

TRASPUNTE.—(¡Qué gesto! ¡Qué mirada! ¡Necio de mí! Si éste es el que más sale perdiendo. Pues, amiguito, paciencia y tragar la saliva.)

WALTON.—¿Qué rezas entre dientes?

TRASPUNTE.—Si no rezo. Al contrario [72].

WALTON.—Vete ya, o por mi vida...

TRASPUNTE.—Ya me voy..., ya me voy... *(WALTON se deja caer en una silla con despecho y enojo.)* ¡Rabia, rabia, rabia! *(Haciendo muecas a WALTON, sin que él lo vea. Vase.)*

---

[70] «Cuando os vi representar el *Macbeth*...» No debe de haber pasado mucho tiempo, puesto que la mentada tragedia de Shakespeare, símbolo de la ambición desmedida, terminó de componerse en 1605, precisamente el año en que se supone la acción de *Un drama nuevo*.

[71] Las *partes principales* son los actores más importantes de una compañía.

[72] «al contrario», lo contrario de rezar entre dientes es murmurar o decir mal de alguien o de algo.

ESCENA VI

WALTON

(Permanece pensativo breves momentos.)

WALTON.— ¡Cómo acerté! ¡Yorick aplaudido con entusiasmo! ¡Qué triunfo! ¡Qué inmensa gloria! ¡Mayor que la mía! Sí; ¡mil veces mayor! No le perdono la injuria que antes me hizo... La que ahora me hace ¿cómo se la he de perdonar? Sólo que no discurro para mi desagravio medio que no me parezca vil y mezquino. Quisiera yo tomar venganza correspondiente a la ofensa, venganza de que pudiera decir sin orgullo: he ahí una venganza. *(Óyese otro aplauso.)* ¡Otro aplauso! *(Asomándose a la puerta de la derecha.)* ¡Ah! *(Tranquilizándose.)* Para Alicia. Se retira de la escena... Edmundo va a salir por el mismo lado... Se miran... ¡Oh! Sí..., no cabe duda. Rápida ha sido la acción como el pensamiento, pero bien la he notado yo. Al pasar Alicia, algo le ha dado Edmundo. ¿Qué podrá ser? ¿Quizá la carta de que me han hablado? ¿La prueba que Yorick me pedía? ¡Si fuera una carta! ¡Si el destino me quisiese amparar! Aquí viene. ¡Ah! *(Se oculta detrás de la cortina que pende de una de las perchas.)*

Escena VII

WALTON y ALICIA. *Ésta, en traje de Beatriz*

(ALICIA *entra por la puerta de la derecha; después de mirar hacia dentro, la cierra poco a poco para que no haga ruido. Dando señales de zozobra, se adelanta hasta el comedio del escenario, donde se detiene como perpleja, y al fin abre la mano izquierda, descubriendo un papel, que mira atentamente.*)

WALTON.—Sí, es la carta de Edmundo. (*Con expresión de gozo, sacando un instante la cabeza por entre la cortina, detrás de la cual está escondido. ALICIA se acerca rápidamente a la mesa, donde hay luces, y lee la carta con visible temblor, mirando hacia la puerta.*)

ALICIA.—«Hasta ahora no he sabido con certeza si podríamos huir mañana... Ya todo lo tengo preparado... Esta madrugada, a las cinco, te esperaré en la calle... No nos separaremos nunca... Mi amor durará lo que mi vida... Huyamos; no hay otro remedio; huyamos. Alicia de mi alma, y...» (*Sigue leyendo en voz baja.*) ¡Huir!... ¡Abandonar a ese desgraciado!... Hacer irremediable el mal... ¡Un oprobio eterno!... ¡Jamás! ¡La muerte es preferible! (*Acerca el papel a la luz como para quemarlo. WALTON, que habrá salido sigilosamente de su escondite, detiene el brazo que ALICIA alarga para acercar el papel a la luz.*) ¡Oh! (*Cogiendo rápidamente con la otra mano el papel.*) ¡Walton! (*Reparando en él y retrocediendo asustada.*)

WALTON.—Yo soy.

ALICIA.—¿Dónde estabais?

WALTON.—Detrás de esa cortina.

ALICIA.—¿Qué queréis?

WALTON.—Ver lo que os dice Edmundo en el papel que tenéis en la mano.

ALICIA.—¡Misericordia! (*Apoyándose en la mesa con expresión de terror.*)

WALTON.—Dádmele [73].

ALICIA.—No os acerquéis.

WALTON.—¿Por qué no?

ALICIA.—Gritaré.

WALTON.—Enhorabuena.

ALICIA.—¿Cuál es vuestra intención?

WALTON.—Ya lo veréis.

ALICIA.—¿Entregársela a mi marido?

WALTON.—Quizá.

ALICIA.—¡Esta noche!... ¡Aquí!... ¡Durante la representación de la comedia!... Sería una infamia sin ejemplo, una maldad atroz... ¡No hay nombre que dar a semejante villanía! ¡Oh, clemencia!... ¡Un poco de clemencia para él, tan sólo para él! Os lo ruego..., ¿por qué queréis que os lo ruegue?... ¿Qué amáis? ¿Qué palabras llegarían más pronto a vuestro corazón? Decidme qué he de hacer para convenceros.

WALTON.—Sería inútil cuanto hicieseis. Necesito vengarme.

ALICIA.—Y ¿por qué no habéis de vengaros? Pero ¿por qué os habéis de vengar esta noche? Mañana os daré el papel que me está abrasando la mano; creedme: lo juro. Mañana sabrá mi marido la verdad. Vos estaréis delante: con su dolor y el mío quedará satisfecha vuestra sed de venganza; no os pesará el haber aguardado hasta mañana para satisfacerla. Me amenazáis con la muerte; con más que la muerte. Dejadme que la sienta venir. Os la pediré de rodillas. (*Cayendo a sus pies.*) Ya estoy a vuestras plantas. ¿Me concedéis el plazo que os pido? ¿Me lo concedéis, no es verdad? Decidme que sí.

---

[73] *dádmele,* ejemplo de leísmo, corriente en Madrid. Compárese con las palabras de Shakespeare en el acto I, escena 1.ª: «A Walton se *le* daré...» Vid. notas 10 y 30.

WALTON.—¡No y mil veces no! (ALICIA *se levanta de pronto, llena de indignación.)*

ALICIA.—¡Ah, que le tenía por hombre y es un demonio!

WALTON.—Un hombre soy, un pobre hombre que se venga.

ALICIA.—¡Oh! *(Viendo entrar a* YORICK *por la puerta de la derecha. Llévase a la espalda la mano en que tiene el papel y se queda como helada de espanto.)*

ESCENA VIII

DICHOS y YORICK. *Éste, en traje de Conde Octavio*

YORICK.—¿Qué haces aquí? *(A* WALTON *con serenidad.)* ¿Será prudente que nos veamos los dos esta noche fuera de la escena?

WALTON.—Cierto que no lo es; pero cuando sepas lo que ocurre.

YORICK.—Nada quiero saber. *(Sentándose con abatimiento.)* Esta noche somos del público. Déjame.

WALTON.—¿Tanto puede en ti el ansia de gloria que olvidas todo lo demás?

YORICK.—¡Ansia de gloria! *(Con expresión de tristeza.)* Déjame, te lo ruego.

WALTON.—Como antes me habías pedido cierta prueba...

YORICK.—¿Qué?... ¿Qué dices?... *(Levantándose y acercándose a* WALTON.)

ALICIA.—(Pero ¿es esto verdad?) *(Saliendo de su estupor.)*

YORICK.—Walton... Mira que está ella delante... *(Reprimiéndose.)* Mira que en mi presencia nadie debe ultrajarla. ¿Una prueba? *(Sin poder dominarse.)* ¿Será posible? ¿Dónde está?

WALTON.—Dile a tu mujer que te enseñe las manos.

ALICIA.—No le escuchéis.

YORICK.—Vete; déjanos. (*A* WALTON.)

WALTON.—En una de sus manos tiene un papel.

ALICIA.—Pero ¿no veis que es un malvado?

YORICK.—¡Un papel! (*Queriendo ir hacia su mujer y conteniéndose difícilmente.*) Vete. (*A* WALTON.)

WALTON.—Ese papel es una carta de su amante.

ALICIA.—¡Ah! (*Apretando el papel en la mano.*)

YORICK.—¡Ah! (*Corriendo hacia ella.*) Dame esa carta, Alicia. (*Reprimiéndose de nuevo.*)

ALICIA.—No es una carta... ¿Ha dicho que es una carta? Miente; no le creáis.

YORICK.—Te acusa; justifícate. Si ese papel no es una carta, fácilmente puedes confundir al calumniador. Hazlo.

ALICIA.—Es que... os diré... Esta carta...

YORICK.—Es preciso que yo la vea.

ALICIA.—Es imposible que la veáis. (*Abandonándose a la desesperación.*)

YORICK.—¿Imposible? (*Dando rienda suelta a su cólera.*) Trae. (*Sujetándola bruscamente con una mano y queriendo quitarle con la otra el papel.*)

ALICIA.—¡Oh! (*Haciendo un violento esfuerzo logra desasirse de* YORICK *y se dirige hacia la puerta.* YORICK *va en pos de* ALICIA; *la detiene con la mano izquierda, y con la derecha corre el cerrojo de la puerta.*)

YORICK.—¿Qué intentas? ¿Quieres hacer pública mi deshonra? [74]

ALICIA.—¡Compasión, Madre de los Desamparados!

WALTON.—¡Es inútil la resistencia! ¡Mejor os estaría ceder!

ALICIA.—¿Y quién os autoriza a vos a darme consejos? Haced callar a ese hombre, Yorick. Tratadme vos como queráis: sois mi marido, tenéis razón para ofenderme; pero que ese hombre no me ofenda, que no me hable,

---

[74] *¿Quieres hacer pública mi deshonra?* La publicidad del deshonor multiplicaba la afrenta, según el tradicional código del honor, predicado por nuestra literatura del Siglo de Oro. Cervantes afirma en su novela de *La fuerza de la sangre:* «Más lastima una onza de deshonra pública que una arroba de infamia secreta.»

que no me mire. Ninguna mujer, ni la más vil, ni la más degradada, merece la ignominia de que se atreva a mirarla un hombre como ése. (WALTON *sigue mirándola con sonrisa de triunfo.*) ¡He dicho que no me miréis! Yorick, ¡me está mirando todavía! (*Óyense golpes a la puerta.*)

YORICK.—¿Oyes? Tengo que salir a escena.

ALICIA.—¡Idos, idos, por Dios!

TRASPUNTE.—¡Yorick! ¡Yorick! (*Dentro, llamándole.*)

YORICK.—No me obligues a emplear la violencia con una mujer.

TRASPUNTE.—¡Yorick, que estáis haciendo falta!

YORICK.—Pero ¿no oyes lo que dicen?

ALICIA.—¡Me vuelvo loca!

YORICK.—¿Mis amenazas son inútiles?...

AUTOR.—¡Abrid, abrid!... ¡Va a quedarse parada la representación!

YORICK.—¡Oh, acabemos!... (*Arrojándose frenético a su mujer, forcejea con ella para quitarle la carta.*)

ALICIA.—¡Piedad! ¡Piedad! (*Luchando con* YORICK.)

YORICK.—¡La carta! ¡La carta!

ALICIA.—¡No! ¡Me lastimáis!

SHAKESPEARE.—¿Quieres abrir con dos mil diablos? (*Dentro, golpeando la puerta.*)

ALICIA.—¡Shakespeare! ¡Shakespeare!... (*Llamándole a gritos.*)

YORICK.—¡La carta!

ALICIA.—¡Primero la vida! (WALTON *le ase la mano en que tiene la carta.*) ¡Ah!

WALTON.—¡Ya está aquí! (*Quitándole la carta.*)

YORICK.—Dámela.

AUTOR.
SHAKESPEARE. } (*Dentro.*) ¡Yorick! ¡Yorick!
TRASPUNTE.

WALTON.—¡Ah! (*Como asaltado de repentina idea.*) Todavía no. (*Guardándose la carta en un bolsillo.*)

YORICK.—¿No?

ALICIA.—¿Qué dice?

Escena IX

DICHOS, SHAKESPEARE, *el* AUTOR *y el* TRASPUNTE

(Salta el cerrojo de la puerta, cediendo al empuje que hacen por fuera, y SHAKESPEARE, *el* AUTOR *y* TRASPUNTE *salen precipitadamente. Óyense golpes y murmullos.)*

SHAKESPEARE.—¡Walton!

AUTOR.—¡Me habéis perdido!

TRASPUNTE.—Dos minutos hará que no hay nadie en la escena.

YORICK.—¡Esa carta! *(Bajo a* WALTON.*)*

WALTON.—He dicho que ahora no.

AUTOR.—¿Pero qué os pasa? ¡Escuchad! ¡Escuchad! *(Por los murmullos y los golpes que se oyen.)*

TRASPUNTE.—El cielo al fin me ayuda,—y hoy romperé la cárcel de la duda. *(Apuntándole los versos que ha de decir al salir a la escena.)*

YORICK.—¡Su nombre, su nombre a lo menos! *(Bajo a* WALTON.*)*

WALTON.—Después.

SHAKESPEARE.—El público aguarda, Yorick.

TRASPUNTE.—¡El público está furioso!

AUTOR.—¡Corred, por compasión! *(Los tres empujan a* YORICK *hacia la puerta.)*

YORICK.—¡Dejadme! Yo no soy ahora un cómico… Soy un hombre…, un hombre que padece… ¿Me la darás? *(Desprendiéndose de los demás y corriendo hacia* WALTON.*)*

WALTON.—No saldrá de mis manos sino para ir a las tuyas.

AUTOR.—¡Venid! *(Asiéndole de nuevo.)*

TRASPUNTE.—El cielo al fin me ayuda… *(Apuntándole.)*

SHAKESPEARE.—¡El deber es antes que todo!

YORICK.—¡Oh! ¡Maldito deber! ¡Maldito yo! *(Vase precipitadamente. ALICIA habla con SHAKESPEARE en voz baja.)*

TRASPUNTE.—Vos ahora. *(A ALICIA.)*

ALICIA.—Una carta de Edmundo... *(Bajo a SHAKESPEARE.)*

AUTOR.—¡Eh! ¿Tampoco ésta quiere salir? *(Muy afligido y consternado.)*

ALICIA.—Si la ve mi marido... *(Bajo a SHAKESPEARE.)*

SHAKESPEARE.—No la verá. *(Bajo a ALICIA.)*

AUTOR.—¡Señora!

ALICIA.—Sostenedme, guiadme. *(Vase con el AUTOR, apoyada en él.)*

TRASPUNTE.—Y vos, prevenido. Esta escena es un soplo. *(Hojeando la comedia muy azorado.)*

WALTON.—Ya lo sé.

TRASPUNTE.—¡Ah! ¿Os di la carta que habéis de sacar ahora?

WALTON.—Sí.

TRASPUNTE.—No sé dónde tengo la cabeza. *(Vase.)*

ESCENA X

SHAKESPEARE y WALTON; *a poco, el* AUTOR *y el* TRASPUNTE

SHAKESPEARE.—Walton, esa carta no te pertenece.

WALTON.—Ni a ti.

SHAKESPEARE.—Su dueño me encarga que la recobre de tus manos.

WALTON.—Pues mira cómo has de recobrarla.

SHAKESPEARE.—¿Cómo? *(Con la ira, que al momento reprime.)* Walton, los corazones fuertes y generosos no tienen sino lástima para la ajena desventura. Apiádate de Yorick; apiádate siquiera de Alicia. Sálvala, si aún está en lo posible. Su falta es menos grave de lo que

131

imaginas, y fácilmente se remedia. Destruyamos ese papel.

WALTON.—Yorick me ha ofendido.

SHAKESPEARE.—¿Te ha ofendido Yorick? Pues toma, enhorabuena, satisfacción del agraviado; pero tómala noblemente, que no se restaura el honor cometiendo una villanía. Y si Alicia en nada te ofendió, ¿cómo quieres hacerla víctima de tu enojo? Herir con un mismo golpe al inocente y al culpado, obra es de la demencia o la barbarie. Ni aunque esa desdichada te hubiera causado algún mal, podrías tomar de ella venganza, a menos de ser vil y cobarde. Se vengan los hombres de los hombres; de las mujeres, no.

WALTON.—Pídeme lo que quieras, Guillermo, con tal que no me pidas la carta.

SHAKESPEARE.—Y a ti, miserable, ¿yo qué te puedo pedir? No pienses que ignoro la causa del odio que tienes a Yorick. No le odias porque te haya ofendido: le odias porque le envidias.

WALTON.—¡Cómo! ¿Qué osas decir? *(Con violenta emoción.)*

SHAKESPEARE.—Te he llamado vil y cobarde; eres otra cosa peor todavía: ¡eres envidioso!

WALTON.—¡Envidioso yo! Ninguna otra injuria me dolería tanto como ésa.

SHAKESPEARE.—Porque es la que mereces más. Sí; la envidia tiene tu alma entre sus garras; la envidia, que llora el bien ajeno y se deleita en el propio mal [75]; la envidia, que fuera la desgracia más digna de lástima si no fuera el más repugnante de los vicios; la envidia,

---

[75] *la envidia... llora el bien ajeno y se deleita en el propio mal:* antigua observación de la moral cristiana. En el prólogo del falso *Quijote* (1614), de Avellaneda, leemos «que la envidia es tristeza del bien y aumento ajeno..., odio, susurración, detracción del prójimo, gozo de sus pesares y pesar de sus buenas dichas; y bien se llama este pecado invidia *a non videndo, quia invidus non potest videre bona aliorum* [de *no ver,* porque el envidioso no puede ver los bienes de los otros]: efectos todos tan infernales como su causa, tan contrarios a los de la caridad cristiana...»

oprobio y rémora de la mente, lepra del corazón. (*Óyese otro aplauso.*)

WALTON.—El deber me llama. (*Estremeciéndose.*) Como tú has dicho a Yorick, el deber es antes que todo.

SHAKESPEARE.—Le aplauden. Óyelo. ¿Tiemblas de oírlo? No hay para un envidioso ruido tan áspero en el mundo como el aplauso tributado a un rival. (*Sale el* AUTOR *lleno de júbilo.*)

AUTOR.—¡Albricias! ¡Albricias! Ya es nuestro el público otra vez. No ha podido menos de aplaudir calurosamente al oír aquellos versos:

Con ansia el bien se espera que de lejos
nos envía sus plácidos reflejos;
mas no con ansia tanta
cual daño que de lejos nos espanta.

¡Cómo los ha dicho Yorick! ¡Qué gesto, qué entonación! (*Óyese otro aplauso.*) ¡Otro aplauso, otro! ¡Admirable, divino! (*Palmoteando.*)

WALTON.—Haré falta, sino me dejas. (*Queriendo irse.*)

SHAKESPEARE.—Dame antes la carta. (*Poniéndose delante.*)

AUTOR.—Pero, señor, ¿qué tienen todos esta noche?

TRASPUNTE.—Vamos, que al momento salís. (*Al llegar.*)

WALTON.—¿Lo ves? (*A* SHAKESPEARE.) Anda, ya te sigo. (*Al* TRASPUNTE.)

SHAKESPEARE.—¡Quieto aquí! (*Sujetándole con violencia.*)

AUTOR Y TRASPUNTE.—¿Eh? (*Manifestando asombro.*)

SHAKESPEARE.—Te la arrancaré con el alma, si es preciso.

AUTOR.—Shakespeare, ved lo que hacéis.

WALTON.—¡Oh! (*Tomando una resolución.*)

SHAKESPEARE.—¿Qué?

AUTOR.—No faltan más que cinco versos. (*Mirando la comedia.*)

WALTON.—El deber es más poderoso que mi voluntad. Tómala. (*Sacando una carta de un bolsillo del traje y dándosela a* SHAKESPEARE.)

133

SHAKESPEARE.—¡Al fin!... (*Tomando la carta con anhelo. WALTON se dirige corriendo hacia la derecha.*)

AUTOR.—Corred. (*Siguiéndole.*)

TRASPUNTE.—Vedme aquí, gran señor. (*Apuntándole lo que ha de decir al salir a la escena. Vanse WALTON, el AUTOR y el TRASPUNTE.*)

ESCENA XI

SHAKESPEARE

(*Abre la carta con mano trémula.*)

SHAKESPEARE.—¡Una carta en blanco! ¡Ah! (*Dando un grito terrible.*) ¡La que había de sacar a la escena!... ¡Y la otra!... ¡La otra!... ¡Fuego de Dios! (*Corre hacia la derecha, ciego de ira y asómase a la puerta.*) ¡Oh! ¡Ya está delante del público! (*Volviendo al proscenio.*) La serpiente ha engañado al león. ¡Aplaste el león a la serpiente! [76] (*Dirígese hacia la derecha llevándose la mano a la espada. El blanco entre esta primera parte y la segunda ha de ser brevísimo, casi instantáneo.*)

---

[76] Culminan los dicterios lanzados hace poco por Shakespeare a Walton —vil, cobarde, envidioso— con esta frase amenazadora tan efectista, antes de que caiga rápido el telón: *¡Aplaste el león a la serpiente!*

Segunda parte

Magnífico salón en el palacio del Conde Octavio. Mesa y sillón a la derecha. Una panoplia con armas a cada lado de la escena

Escena única

El Conde Octavio *(Yorick),* Manfredo *(Edmundo),* Beatriz *(Alicia),* Landolfo *(Walton), el* Apuntador, *en la concha. Al final de la escena,* Shakespeare, *el* Autor, *el* Traspunte *y actores y empleados del teatro*

(El Conde *y* Landolfo *hablan el uno con el otro sin ser oídos de* Beatriz *y* Manfredo, *que están al otro lado de la escena y demuestran en su actitud y en la expresión de su semblante zozobra y dolor.)*

Conde.	*(Yorick.)* ¡Ay, Landolfo!, en tu ausencia honda ansiedad mi pecho destrozaba; mayor afán me acusa tu presencia. Responde: ¿Ese billete?... Si está en tu poder, dilo y acaba.
Landolfo.	*(Walton.)* Tomad. *(Dándole la carta de Edmundo.)*
Conde.	*(Yorick.)* ¡Oh! *(Tomándola con viva emoción.)*

135

LANDOLFO.   (*Walton.*) (¡Me vengué!)
CONDE.   (*Yorick.*) Landolfo, vete.
              (LANDOLFO *hace una reverencia y se re-
              tira. Al llegar Walton a la puerta de la
              izquierda detiénese un momento y mira a
              Yorick con expresión de mala voluntad sa-
              tisfecha.*)
BEATRIZ.   (*Alicia.*) ¡Manfredo! (*En voz baja con an-
              gustia.*)
MANFREDO.   (*Edmundo.*) ¡Beatriz! (*Lo mismo.*)
BEATRIZ.   (*Alicia.*) ¡Llegó el instante!
CONDE.   (*Yorick.*) Voy a saber al fin quién es tu
                                            [amante. (*A* BEATRIZ.)
              ¡Tiemble la esposa infiel; tiemble la ingrata
              que el honor y la dicha me arrebata!
              Fue vana tu cautela,
              y aquí la prenda de tu culpa mira.
              (*Abre la carta y se acerca a la mesa, donde
              hay luces.*)
              La sangre se me hiela…
              (*Sin atreverse a leer la carta.*)
              ¡Ardo de nuevo en ira!
              ¡Ay del vil por quien ciega me envileces!
              (*Fija la vista en el papel y se estremece
              violentamente.*)
              ¡Eh! ¡Cómo!
              (*Vencido de la sorpresa, olvídase de que
              está representando, y dice lo que realmente
              le dicta su propia emoción, con el tono de
              la verdad. Edmundo y Alicia le miran con
              profunda emoción.*)
APUNTADOR.   ¡Oh! ¡Qué miro!
              (*Apuntándole en voz alta, creyendo que se
              ha equivocado y dando golpes con la come-
              dia en el tablado para llamarle la atención.*)
YORICK.   ¿Qué es esto?
APUNTADOR.   ¡Oh! ¡Qué miro! ¡Jesús!
              (*Sacando la cabeza fuera de la concha y
              apuntándole en voz más alta.*)

136

CONDE.	(*Yorick.*) ¡Jesús mil veces!
	(*Dice estas palabras de la comedia como si fueran hijas de su propio dolor y verdadero asombro. Cae desplomado en el sillón que hay cerca de la mesa, cubriéndose el rostro con las manos. Pausa. Levántase Yorick muy despacio; mira a Edmundo y a Alicia, luego al público y quédase inmóvil sin saber qué hacer apoyado en la mesa.*)
CONDE.	(*Yorick.*) ¡Aquí, no hay duda, la verdad se [encierra!
	(*Declamando como de memoria, sin interesarse en lo que dice.*)
	Venid.
	(*A Edmundo y Alicia que se acercan a él llenos de turbación y de miedo.*)
	Mirad.
	(*Mostrándoles la carta y con nueva energía.*)
MANFREDO.	(*Edmundo.*) Y BEATRIZ (*Alicia.*) ¡Oh!
	(*Dando un grito verdadero al ver la carta, y retrocediendo espantados.*)
CONDE.	(*Yorick.*) ¡Tráguenos la tierra!
	(*Vuelve a caer en el sillón; contempla la carta breves instantes y después, como tomando una resolución desesperada, se levanta y va hacia Edmundo con ademán amenazador; antes de llegar a él, se detiene y mira al público, dando a entender la lucha de afectos que le acongoja. Dirige la vista a otra parte; repara en Alicia, y corre también hacia ella; pero otra vez se detiene y vuelve al comedio del escenario, llevándose las manos alternativamente a la frente y al corazón. Alicia y Edmundo le contemplan aterrados.*)
APUNTADOR.	¿Conque eres tú el villano?...
	(*En voz alta, y dando otra vez golpes en el tablado con la comedia.*)

¿Conque eres tú el villano?...
(Yorick, cediendo a la fuerza de las cir-
cunstancias, y no pudiendo dominar su in-
dignación y su cólera, hace suya la situa-
ción ficticia de la comedia, y dice a Edmun-
do como propias las palabras del personaje
que representa. Desde este momento, la fic-
ción dramática queda convertida en viva
realidad, y tanto en Yorick como en Alicia
y en Edmundo se verán confundidos en
una sola entidad el personaje de invención y
la persona verdadera.)

CONDE.   *(Yorick.)* ¿Conque eres tú el villano,
tú el pérfido y aleve,
tú el seductor infame que se atreve
a desgarrar el pecho de un anciano?
¿Tú, desdichado huérfano, que abrigo
debiste un día a mi piadosa mano,
que al par hallaste en mí padre y amigo?
¿Tú me arrebatas la adorada esposa?
¿Tú mancillas mi frente?
¡Ya con acción tan noble y generosa
logró admirar el hombre a la serpiente! [77]
Y a fe que bien hiciste. ¡Por Dios vivo!
Que este pago merece quien iluso
creyó deber mostrarse compasivo,
y en otro, amor y confianza puso.
No; que aun viéndome herido y humillado,
mi hidalga confianza no deploro.
¡Para el engañador, mengua y desdoro!
¡Respeto al engañado!

---

[77] No se trata aquí de la serpiente bíblica, sino de las fábulas esópicas y de Fedro *(Serpens: misericordia nociva,* fábula XIX del libro 4.º), versificada así por nuestro Samaniego:
«A una culebra que, de frío yerta, / en el suelo yacía medio
muerta, / un labrador cogió; mas fue tan bueno, / que in-
cautamente la abrigó en su seno. / Apenas revivió, cuando la
ingrata / a su gran bienhechor traidora mata.» *(Fábulas,* libro 2.º,
capítulo VII.) La exclamación del Conde (Yorick) es una amarga
ironía por la ingratitud de su protegido Manfredo (Edmundo).

MANFREDO.	*(Edmundo.)* ¡Padre! ¡Padre!
CONDE.	*(Yorick.)* ¿No sueño? ¿Padre dijo?

¿Tu padre yo? Pues caiga despiadada
la maldición del padre sobre el hijo.

MANFREDO.	*(Edmundo.)* ¡Cielos! ¡Qué horror!
CONDE.	*(Yorick.)* Y a ti, desventurada,

¿qué te podré decir? Sin voz ni aliento,
el cuerpo inmóvil, fija la mirada,
parecieras tal vez de mármol frío,
si no oyese el golpear violento
con que tu corazón responde al mío.
¿Dónde la luz de que, en fatal momento,
vi a tus ojos hacer púdico alarde,
con mengua del lucero de la tarde?
¿Dónde la faz divina,
en que unidos mostraban sus colores
cándido azahar y rosa purpurina?
Ya de tantos hechizos seductores
ni sombra leve a distinguir se alcanza
en tu semblante pálido y marchito.
¡Qué rápida mudanza!
¡Cuánto afea el delito!
Te hallé, ¡ay de mí!, cuando anheloso y
pisaba los abrojos   [triste
que de la edad madura
cubren la áspera senda; y a mis ojos
como rayo de sol apareciste
que súbito fulgura,
dando risueña luz a nube oscura.
Y vuelta la tristeza en alegría,
cual se adora a los ángeles del cielo,
con toda el alma te adoré rendido.
¿Quién dijera que tanta lozanía
era engañoso velo
de un corazón podrido?
Mas ya candor hipócrita no sella
el tenebroso abismo de tu pecho:
ya sé que eres traidora, cuanto bella;
ya sé que debo odiarte; sólo ignoro

si te odio ya, cual debo, o si aún te adoro.
¡Ay de ti, que el amor desesperado
jamás ha perdonado!
(Asiéndola de una mano.)
Y si no quieres que el furor me venza
y que te haga morir hierro inclemente,
mírame frente a frente,
y muere de vergüenza.
(Haciéndola caer al suelo de rodillas.)

BEATRIZ.   *(Alicia.)* ¡Piedad!

CONDE.   *(Yorick.)* En vano gemirás sumisa:
piedad no aguardes.

MANFREDO.   *(Edmundo.)* Ella la merece.

CONDE.   *(Yorick.)* ¡Ni ella ni tú!

BEATRIZ.   *(Alicia.)* Mi vida os pertenece,
género es de piedad matar deprisa.

MANFREDO.   *(Edmundo.)* Yo solo os ofendí: sobre mí
solo descargad vuestra furia.

CONDE.   *(Yorick.)* De ambos fue la maldad y el
[torpe dolo;
ambos me daréis cuenta de la injuria.

MANFREDO.   *(Edmundo.)* ¿Ella también? ¿Capaz de ase-
vuestra mano será?   [sinarla

CONDE.   *(Yorick.)* Pues di, insensato,
en pena a la traición porque la mato,
¿qué menos que matarla?

BEATRIZ.   *(Alicia.)* Venga y dé fin la muerte a mi zo-
Si falta la virtud, la vida sobra[78].   [zobra.
Pero el honor mi sangre os restituya;
mi sangre nada más lave la afrenta.

CONDE.   *(Yorick.)* ¿Con tal que él viva, morirás
[contenta?
Tu sangre correrá: también la suya.
¡Y la suya primero!
(Toma dos espadas de una panoplia.)

---

[78] «Si falta la virtud, la vida sobra», moraleja en forma de antí-
tesis, seguida de la amenazadora venganza que demandaba la convencional restauración del honor mancillado. (Cfr. nota 62.)

MANFREDO.	*(Edmundo.)* ¡Noche fatal!
BEATRIZ.	*(Alicia.)* ¡Qué horror!
CONDE.	*(Yorick.)* Elige acero.
	(Presentándole las espadas.)
MANFREDO.	*(Edmundo.)* Sí, y en mi pecho clávese mi
	[espada.
	(Tomando precipitadamente una espada y
	volviendo la punta contra su pecho.)
CONDE.	*(Yorick.)* Y la mía en el pecho de tu ama-
	[da.
	(Yendo hacia su mujer como para herirla.)
MANFREDO.	*(Edmundo.)* ¡Oh!
	(Corriendo a ponerse delante de Beatriz.)
CONDE.	*(Yorick.)* Defiéndela al menos. Considera
	que la amenaza mano vengativa.
BEATRIZ.	*(Alicia.)* Deja, por compasión, deja que
	[muera.
MANFREDO.	*(Edmundo.)* Tú no puedes morir mientras
	[yo viva.
	(Con fuego, dejándose llevar de su amor.)
CONDE.	*(Yorick.)* ¿Conque, ya a defenderla decidi-
	conmigo reñirás? [do
	(Acercándose mucho a él y con hablar pre-
	cipitado.)
MANFREDO.	*(Edmundo.)* ¡Sí!
CONDE.	*(Yorick.)* ¿Como fuerte?
	¿Quién eres y quién soy dando al olvido?
MANFREDO.	*(Edmundo.)* ¡Sí!
CONDE.	*(Yorick.)* ¿Y en la lid procurarás mi muer-
MANFREDO.	*(Edmundo.)* ¡Sí, por Dios! [te?
CONDE.	*(Yorick.)* ¡Ay, que el cielo me debía,
	tras de tanto dolor, tanta alegría!
BEATRIZ.	*(Alicia.)* Repara...
MANFREDO.	*(Edmundo.)* ¡En nada!
	(Rechazándola.)
BEATRIZ.	*(Alicia.)* Advierte...
MANFREDO.	*(Edmundo.)* ¡Ese hombre es tu enemigo!
	(Fuera de sí.)

141

BEATRIZ.   (*Alicia.*)   ¡Dios eterno!
CONDE.   (*Yorick.*) Soltemos, pues, la rienda a nues-
                                              [tra saña.
MANFREDO.   (*Edmundo.*) El crimen pide crímenes. ¡In-
                digna es de ti la hazaña! [79]   [fierno,
                (*Yorick y Edmundo riñen encarnizada-
                mente.*)
BEATRIZ.   (*Alicia.*) ¡Tened! (*Sujetando a Edmundo.*)
MANFREDO.   (*Edmundo.*) Déjame.
BEATRIZ.   (*Alicia.*)   Tente.
CONDE.   (*Yorick.*) Por culpa tuya perderá su brío.
BEATRIZ.   (*Alicia.*) Oídme vos entonces: sed clemen-
                                              [te.
                (*Pasando al lado de Yorick y sujetándole.*)
CONDE.   (*Yorick.*) ¿Le ayudas contra mí?
BEATRIZ.   (*Alicia.*)   ¡Destino impío!
                (*Separándose horrorizada del Conde.*)
MANFREDO.   (*Edmundo.*) ¡Cielos!
                (*Sintiéndose herido, suelta la espada y cae
                al suelo desplomado.*)
CONDE.   (*Yorick.*)   ¡Mira!
                (*A Alicia, señalando a Edmundo con la es-
                pada.*)
BEATRIZ.   (*Alicia.*)   ¡Jesús!
MANFREDO.   (*Edmundo.*) ¡Perdón, Dios mío!
                (*Expira. Alicia corre a donde está Edmun-
                do; inclínase hacia él, y, después de tocarle,
                da un grito y se levanta despavorida.*)
ALICIA.—¡Sangre!... ¡Edmundo!... ¡Sangre!... ¡Le ha
    matado!... ¡Favor! [80]
YORICK.—¡Calla!

---

[79] «¡Infierno, / digna es de ti la hazaña!» Cfr. con los versos
de Zorrilla, cuando su Don Juan cede ante el desafío, desesperado: «Y venza el infierno, pues, / Ulloa, pues mi alma así / vuelves
a hundir en el vicio, / cuando Dios me llame a juicio, / tú responderás por mí...» (*Don Juan Tenorio,* acto IV, esc. X.) Toda
la escena tiene la violencia exasperada de los dramas románticos.
[80] Con estas lamentaciones de Alicia pasamos *ex abrupto* de
la versificación del drama representado a la prosa real y dolorida.

ALICIA.—¡Shakespeare!... ¡Shakespeare!... *(A voz en grito corriendo por la escena.)* ¡Le ha matado!... ¡Favor!... ¡Socorro!...

YORICK.—¡Calla! *(Siguiéndola.)*

SHAKESPEARE.—¿Qué has hecho? *(Saliendo por la izquierda. Acércase a EDMUNDO, y le mira y le toca. El AUTOR, el TRASPUNTE y todos los actores y empleados del teatro, salen también por diversos lados; con expresión de asombro, van hacia donde está EDMUNDO; al verle, dan un grito de horror, y todos se apiñan en torno suyo, cuáles inclinándose, cuáles permaneciendo en pie.)*

ALICIA.—Matadme ahora a mí.

YORICK.—¡Calla! *(Sujetándola y poniéndole una mano en la boca.)*

ALICIA.—¡Le amaba! *(SHAKESPEARE sale de entre los que rodean a EDMUNDO, y se adelanta hacia el proscenio.)*

YORICK.—¡Silencio!

ALICIA.—¡Edmundo! ¡Edmundo! *(Con brusca sacudida logra desasirse de YORICK; corre luego hacia EDMUNDO, y cae junto a él. YORICK la sigue, y estos tres personajes quedan ocultos a la vista del público por los que rodean el cadáver.)*

SHAKESPEARE.—¡Señores, ya lo véis! *(Dirigiéndose al público y hablando como falto de aliento y muy conmovido.)* No puede terminarse el drama que se estaba representando. Yorick, ofuscada su razón por el entusiasmo, ha herido realmente al actor que hacía el papel de Manfredo [81]. Ni es ésta la única desgracia que el cielo nos envía. También ha dejado de existir el famoso có-

---

[81] Nótese que Shakespeare no dice al público la verdadera causa de la actuación de Yorick, para no difundir la posible deshonra. La doctrina clásica sobre este particular aparece resumida en el título de un drama de Calderón: *A secreto agravio, secreta venganza.* Y Lope de Vega, en el desenlace de su drama *El castigo sin venganza* había proclamado: «Quien en público castiga / dos veces su honor infama, / pues después que le ha perdido / por el mundo le dilata.» Cfr. nota 74.

mico Walton. Acaban de encontrarle en la calle con el pecho atravesado de una estocada. Tenía en la diestra un acero. Su enemigo ha debido matarle riñendo cara a cara con él [82]. Rogad por los muertos. ¡Ay, rogad también por los matadores!

FIN DEL DRAMA

---

[82] El propio Shakespeare como ya nos anuncia enfáticamente al final de la primera parte de este acto 3.º (Vid. nota 76), es quien «ha debido matar» a Walton, «riñendo cara a cara con él». He aquí el balance trágico de dos desafíos a muerte, uno en el escenario y otro en la calle, paralelamente. Shakespeare refleja los sentimientos del cristianísimo Tamayo, enemigo de estos «lances de honor», al pedir oraciones no solamente para los muertos, sino también para los «matadores», enfrentados ahora a las leyes moral y canónica, y víctimas en lo sucesivo de una conciencia atormentada.